세계화를 겨냥한 회화식 문법 교재

新 동양문고 일본어 I

일본어 교육 연구회 지음

JAPANESE

머리말

　오늘날 '세계화'라는 단어가 전혀 어색하지 않을 만큼 외국어를 배우는 것이 우리생활에 필수가 되었습니다.

　특히 일본은 역사적·지리적으로도 우리나라와 가장 밀접한 관계에 있고 또 여러 분야에서 일본어 학습의 필요성을 강조하고 있어 일본어를 배우는 학습자들이 점점 늘어나고 있는 추세입니다. 그럼에도 불구하고 지금까지의 일본어 교재는 문법위주의 지루한 해설방식으로 학습자들로 하여금 일본어 공부를 쉽게 포기하게 했습니다. 이 점을 감안하여 저희 동양문고에서는 회화식 학습방법을 도입, 대화와 문형연습 등을 통해 학습자가 스스로 일본어를 쉽고 빠르게 익힐 수 있도록 「新동양문고 일본어」를 기획, 발간하게 되었습니다.

이 책의 특징

　첫째 창립 10주년을 맞는 전통있는 일본어 전문출판사에서 2년 여의 기획끝에 제작되었습니다.

　둘째 고등학교 교과서 저자를 비롯한 각계에서 일본어 교육을 담당하는 11명의 공동 집필진이 저술하였습니다.

　셋째 1과당 30컷 이상의 그림으로 학습자로 하여금 영상회화식으로 공부할 수 있도록 하였습니다.

　넷째 100여 종의 참고도서와 전국 학원에 설문 협조를 받아 현 문법위주 학습방법의 문제점을 극복하였습니다.

효과적인 학습방법

　첫째 히라가나·가타카나를 억지로 외우지 마십시오.

　히라가나를 완벽하게 외우고 학습한다면 좋겠지만 대부분의 학습자가 히라가나와 씨름하다 포기해 버리는 경우가 많습니다. 그러나 「新동양문고 일본어」는 본문부터 시작해 문장연습을 통해 자연스럽게 히라가나, 가타카나를 익힐 수 있도록 하였습니다.

　둘째 문장을 억지로 외우려 하지 마십시오.

　「新동양문고 일본어」는 그림과 회화를 통한 영상 회화식으로 구성되어 있습니다. 반복학습으로 그림과 함께 저절로 외울 수 있으니 단순한 문장 암기는 하실 필요가 없습니다.

　셋째 발음은 처음부터 철저히 해야 합니다.

　「新동양문고 일본어」는 별매의 히어링 TAPE로 발음 교정을 하실 수 있습니다.

CONTENTS

일본어의 발음과 글자

1 日本語의 글자체계와 五十音図

현대일본어의 문자에는 平仮名(ひらがな), 片仮名(カタカナ), 漢字 세 가지가 있다. 비교적 오래된 시대에 중국에서 借用한 말은 漢字, 외래어는 片仮名, 그 외의 모든 말은 平仮名를 사용한다.

1. 平仮名(ひらがな)

一字一音節의 万葉仮名(まんようがな ; 한자의 본래 의미와는 상관없이 그 音과 訓을 이용하여 일본어를 표기하기 위하여 만든 문자)가 草書体로 쓰여진 것을 草仮名(そうがな)리 하고, 이 草仮名를 간략화한 것이 平仮名이다.

平仮名의 성립시기는 대략 9C말이나 10C경으로 추정되고 있으며 여성들이 주로 사용하였으며, 여러가지 字体가 다채롭게 사용되었는데, 明治33年(1900年) 小学校令에 의해 교과서에 사용하는 字体가 한 종류로 통일되었다. 현재의 기본문자는 46字이다.

あ a	か ka	さ sa	た ta	な na	は ha	ま ma	や ya	ら ra	わ wa	ん n
い i	き ki	し shi	ち chi	に ni	ひ hi	み mi	い i	り ri	い i	
う u	く ku	す su	つ tsu	ぬ nu	ふ hu	む mu	ゆ yu	る ru	う u	
え e	け ke	せ se	て te	ね ne	へ he	め me	え e	れ re	え e	
お o	こ ko	そ so	と to	の no	ほ ho	も mo	よ yo	ろ ro	を o	

2. 片仮名(カタカナ)

한자의 部首나 偏에서 발달된 것으로, 字画의 일부를 생략하거나 모방하여 사용한 것이 그 기원이다. 片仮名는「不完全」이란 의미인데, 이 명칭은 그러한 성립과정을 반영한 것이다. 성립시기는 10C경으로 추정되고 있다.

片仮名의 발생은 오로지 한자나 한문을 읽기 위하여 편의적으로 창안된 것에 유래된다. 片仮名로 표기하는 범위는 外来語, 외국의 人名과 地名, 擬声語와 擬態語, 電報文, 시각적인 효과를 얻고자 하는 경우 등이다.

ア a	カ ka	サ sa	タ ta	ナ na	ハ ha	マ ma	ヤ ya	ラ ra	ワ wa	ン n
イ i	キ ki	シ shi	チ chi	ニ ni	ヒ hi	ミ mi	イ i	リ ri	イ i	
ウ u	ク ku	ス su	ツ tsu	ヌ nu	フ hu	ム mu	ユ yu	ル ru	ウ u	
エ e	ケ ke	セ se	テ te	ネ ne	ヘ he	メ me	エ e	レ re	エ e	
オ o	コ ko	ソ so	ト to	ノ no	ホ ho	モ mo	ヨ yo	ロ ro	ヲ o	

3. 漢字

일본어에서 한자를 사용할 때 音読(中国漢字音을 본떠 만든 소리)과 訓読(音読만으로는 일본 고유의 말을 표현하기에 불편한 점이 많다. 따라서 일본 고유어를 한자에 충당시켜 읽는 법, 즉 뜻으로 읽는 音) 두 가지가 있다.

또 한글자에도 音読, 訓読으로 각각 정해져 있는 것이 아니고 두 가지 이상이 있는가 하면, 수십가지의 音·訓이 있는 경우도 있다고 한다. 이런 점에서 일본어에 있어서의 한자학습은 어려우면서도 상당히 중요하다.

例 来－[音読] ライ　　来日 未来　　　山－[音読] さん　　富士山
　　　[訓読] くる　　　　　　　　　　　　[訓読] やま　　山と川
　　　　　　きたる

(1) 한자에 따라서는 「音」 혹은 「訓」만으로 읽는 것도 있다.

　　[音読] 駅 菊 肉
　　[訓読] 咲く 畑

(2) 2개 이상의 한자를 조립하여 새로운 숙어를 만드는 경우 다음과 같은 구성방법으로 이루어진다.

　① [音＋音] 人生 人間 返事 生涯 経営
　② [訓＋訓] 月日 人柄 家出 青空 物事
　③ [音＋訓] 本箱 恩返し 台所 気持ち 地主
　④ [訓＋音] 一晩 消印 雨具 夕刊 身分

(3) 한자의 용법과는 다소 어긋난 사용법이라 할 수 있는데, 한자의 원음을 전부 무시하고, 단순한 音의 類似性만으로 관용적으로 쓰여지는 것들도 있다. 이를 当て字(借字)라 한다.

　　目出度　面白い　矢張り　呑気　丁度

漢字制限－1981年 10月1日, 内閣告示 第1号로 새로이 「常用漢字表의 実施에 대하여」가 발표되었는데, 이 상용한자에는 종전의 当用漢字(1850字, 1946年)보다 95字가 추가된 1945字로 法令·公用文書·新聞·雑誌·放送 등, 일반적인 사회생활을 하는데 있어 현대 일본어를 표기할 경우의 한자사용의 기준을 나타낸 것이다.

(4) 新字体(略字体)는 新 동양문고 일본어 Ⅱ 부록편 참고.

◎ 日本語の 五十音図

① ひらがな의 筆順과 字源

あ	安	い	以	う	宇	え	衣	お	於
が	加	き	幾	く	久	け	計	こ	己
さ	左	し	之	す	寸	せ	世	そ	曽
た	太	ち	知	つ	川	て	天	と	止
な	奈	に	仁	ぬ	奴	ね	称	の	乃
は	波	ひ	比	ふ	不	へ	部	ほ	保
ま	末	み	美	む	武	め	女	も	毛
や	也			ゆ	由			よ	与
ら	良	り	利	る	留	れ	礼	ろ	呂
わ	和							を	袁
ん	无								

② カタカナ의 筆順과 字源

ア	阿	イ	伊	ウ	宇	エ	工	オ	於
カ	加	キ	幾	ク	久	ケ	介	コ	己
サ	散	シ	之	ス	須	セ	世	ソ	曽
ダ	多	チ	千	ツ	川	テ	天	ト	止
ナ	奈	ニ	二	ヌ	奴	ネ	祢	ノ	乃
ハ	八	ヒ	比	フ	不	ヘ	部	ホ	保
マ	末	ミ	三	ム	牟	メ	女	モ	毛
ヤ	也			ユ	由			ヨ	与
ラ	良	リ	利	ル	流	レ	礼	ロ	呂
ワ	和							ヲ	乎
ン									

2 발음의 체계

1. 母音(ぼいん)

あ	い	う	え	お	を
a	i	u	e	o	o

발음 「あ行」의 발음은 한글 「아·이·우·에·오」와 같으며 「う」는 한글 「으」와 「우」의 중간음에 가까우며, を는 우리말 「~을/를」에 해당하는 목적격 조사로만 쓰인다.

발음연습
① あい(사랑)　a i
② いえ(집)　i e
③ うえ (위, 上)　u e
④ おい (조카)　o i

ア	イ	ウ	エ	オ	ヲ
a	i	u	e	o	o

발음연습
① エアコン (에어컨)
② インク (잉크)

2. 半母音(はんぼいん)

や	(い)	ゆ	(え)	よ	わ
ya	i	yu	e	yo	wa

발음 「や行」의 발음은 우리말 「야·유·요」와 같다. 단, 「ゆ」는 입술이 둥글게 되지 않도록 주의해야 한다.

발음연습
① やさい (야채)　ya sa i
② ゆき (눈)　yu ki
③ よやく (예약)　yo ya ku
④ よこ (옆)　yo ko

ヤ	(イ)	ユ	(エ)	ヨ	ワ
ya	i	yu	e	yo	wa

발음연습
① ヨット (요트)
② ユーザ (소비자)

3 子音(しいん)

오십음도 중에서 앞에서 본 모음과 반모음을 제외한 음의 전부를 子音이라 하며, 子音에는 淸音과 濁音, 半濁音이 있다.

(1) 淸音(청음 : せいおん)

【か行】

か	き	く	け	こ
ka	ki	ku	ke	ko

발음 「か行」의 자음발음은 어두에 오면 우리말 「ㄱ」과 「ㅋ」의 중간음이 되고, 단어의 중간이나 끝에 오면 우리말 「ㄲ」에 가깝다.

발음연습
① あき (가을)
　　a ki
② かき (감)
　　ka ki
③ あかい (빨갛다)
　　a ka i
④ きかい (기계)
　　ki ka i
⑤ きく (국화)
　　ki ku
⑥ ここ (여기)
　　ko ko

カ	キ	ク	ケ	コ
ka	ki	ku	ke	ko

발음연습
① ケーキ (케이크)
② ココア (코코아)

【さ行】

さ	し	す	せ	そ
sa	shi	su	se	so

발음 「さ行」의 발음은 한글 「사·시·스·세·소」와 같으나, 「す」는 한글 「스」와 「수」의 중간발음으로 주의해야 한다. 또, 「す」는 단어 끝에 오면 「스」에 가깝게 발음된다.

발음연습
① あさ (아침)
　　a sa
② けさ (오늘 아침)
　　ke sa
③ さけ (술)
　　sa ke
④ すし (초밥)
　　su shi
⑤ いす (의자)
　　i su
⑥ せき (자리)
　　se ki

サ	シ	ス	セ	ソ
sa	shi	su	se	so

발음연습 ① システム（시스템） ② セーター（스웨터）

【 た行 】

た	ち	つ	て	と
ta	chi	tsu	te	to

발음 「た・て・と」의 자음발음은 어두에 오면 우리말 「ㄷ」과 「ㅌ」와 중간음이고, 단어의 중간이나 끝에 오면 우리말 「ㄸ」에 가깝다. 또, 「ち」는 어두에 오면 우리말 「치」보다 약하게 발음되고, 단어의 중간이나 끝에 오면 「찌」에 가깝게 발음된다. 마지막으로, 「つ」는 「쓰」와 「쯔」의 중간음으로 발음된다.

발음연습
① つくえ（책상） ② たかい（비싸다）
　 tsu ku e 　　　　　ta ka i
③ たくあん（단무지） ④ ちち（아버지）
　 ta ku a n 　　　　　chi chi
⑤ とき（때） ⑥ かた（어깨）
　 to ki 　　　　　 ka ta

タ	チ	ツ	テ	ト
ta	chi	tsu	te	to

발음연습 ① テント（텐트） ② ツイン（트윈）

【 な行 】

な	に	ぬ	ね	の
na	ni	nu	ne	no

발음 「な行」의 발음은 한글 「나・니・누・네・노」와 같다. 단, 「ぬ」는 우리말 「느」와 「누」의 중간음처럼 발음된다.

발음연습
① なく（울다） ② にく（고기）
　 na ku 　　　　　 ni ku
③ にし（서쪽） ④ いぬ（개）
　 ni shi 　　　　　 i nu
⑤ ねこ（고양이） ⑥ のこ（톱）
　 ne ko 　　　　　 no ko

ナ	ニ	ヌ	ネ	ノ
na	ni	nu	ne	no

발음연습　① ナース (간호원)　② ニーズ (욕구)

【 は行 】

は	ひ	ふ	へ	ほ
ha	hi	hu	he	ho

발음　「は行」의 자음발음은 우리말의 「ㅎ」과 같다. 단, 「ふ」는 우리말 「흐」와 「후」의 중간음이므로 발음에 유의해야 한다.

발음연습
① はな (꽃)
　ha na
② はち (여덟)
　ha chi
③ はし (젓가락)
　ha shi
④ ひと (사람)
　hi to
⑤ ふたつ (둘)
　hu ta tsu
⑥ ほし (별)
　ho shi

ハ	ヒ	フ	ヘ	ホ
ha	hi	hu	he	ho

발음연습　① コーヒー (커피)　② ホテル (호텔)

【 ま行 】

ま	み	む	め	も
ma	mi	mu	me	mo

발음　「ま行」의 자음발음은 우리말 「마·미·무·메·모」와 거의 동일하다. 단, 「む」는 「므」와 「무」의 중간음이 되도록 유의해야 한다.

발음연습
① たま (구슬)
　ta ma
② みみ (귀)
　mi mi
③ みち (길)
　mi chi
④ さしみ (회)
　sa shi mi
⑤ むすこ (아들)
　mu su ko
⑥ もち (찹쌀떡)
　mo chi

발음연습 ① メモ (메모)　　② マイク (마이크)

【 ら行 】

발음 「ら行」의 자음발음은 우리말 「라・리・루・레・로」와 동일하다. 단, 「る」는 입술이 둥글게
되지 않도록 유의해야 한다.

발음연습 ① さら (접시)　　② えら (아가미)
　　　　　　　sa ra　　　　　　　e ra
　　　　　③ さくら (벚꽃)　　④ あり (개미)
　　　　　　　sa ku ra　　　　　　a n

ラ	リ	ル	レ	ロ
ra	ri	ru	re	ro

발음연습 ① ライバル (라이벌)　　② ロール (롤)

① 혼동하기 쉬운 글자

  1. 히라가나 ぬ(누)   い(이)   う(우)   ね(네)
               め(메)   り(리)   る(루)   れ(레)
                                  ろ(로)   わ(와)

  2. 가타카나 シ(し)   ソ(そ)   ノ(の)   ウ(う)
               ッ(つ)   ン(ん)   メ(め)   ワ(わ)
                                  ヌ(ぬ)
                                  ス(す)

② 표기할 때 주의해야 할 글자

  1. 히라가나 は(하)
               ほ(호)
               ま(마)

  2. 가타카나 コ(코)   シ(시)   ア(아)
               ユ(유)   ミ(미)   マ(마)

③ 히라가나에서 가타카나가 연상되는 글자(비슷한 글자)

  う＝ウ(우), え＝エ(에), お＝オ(오)
  か＝カ(카), き＝キ(키), け＝ケ(케), こ＝コ(코)
  し＝シ(시), せ＝セ(세), そ＝ソ(소)
  に＝ニ(니), の＝ノ(노)
  ふ＝フ(후), へ＝ヘ(헤)
  や＝ヤ(야)
  ら＝ラ(라), り＝リ(리), れ＝レ(레)
  わ＝ワ(와), ん＝ン(응)

(2) 濁音(탁음 : だくおん)

　일본에서 탁음이란 가나에 탁점「〃」이 붙은 글자를 말하며, 반탁음이란 반탁점「°」이 붙은 글자를 말한다.

【 が行 】

が	ぎ	ぐ	げ	ご
ga	gi	gu	ge	go

발음　「が行」의 자음발음은 영어의 「g」와 동일하다.

　동경지역에서는 단어의 중간이나 끝에 「が行」 글자가 오면 자음발음을 「ŋ」으로 발음하기도 하는데, 최근의 젊은이들은 「g」로 발음하는 경향이 많다.

발음연습　① がか (화가)　② かぎ (열쇠)
　　　　　　　ga ka　　　　ka gi

　　　　　　③ かぐ (가구)　④ あご (턱)
　　　　　　　ka gu　　　　a go

【 ざ行 】

ざ	じ	ず	ぜ	ぞ
za	ji	zu	ze	zo

발음　「ざ行」의 자음발음은 우리말에 없기 때문에, 틀리기 쉬운 발음 중의 하나이다. 앞에서 배운 「さ・し・す・せ・そ」발음의 입모양 그대로에 성대를 울려서 내는 발음이다.

발음연습　① かぜ (바람)　② すじ (줄거리)
　　　　　　　ka ze　　　　su ji

　　　　　　③ ぞう (코끼리)　④ じかん (시간)
　　　　　　　zo −　　　　　ji kan

【 だ行 】

だ	ぢ	づ	で	ど
da	ji	zu	de	do

발음　「だ・で・ど」의 자음발음은 영어의 「d」와 동일하다. 「ぢ・づ」는 「じ」, 「ず」에 합류되어 현재는 특별한 경우 이외에는 쓰이지 않는다.

발음연습　① そで (소매)　② でかい (크다)
　　　　　　　so de　　　　de ka i

　　　　　　③ おんど (온도)　④ いど (우물)
　　　　　　　on do　　　　　i do

【 ば行 】

ば	び	ぶ	べ	ぼ
ba	bi	bu	be	bo

발음 「ば行」의 자음발음은 우리말의 「바・비・부・베・보」로 나타내지만, 우리말과는 달리 성대를 울려서 내는 소리이다.

발음연습
① はば (폭)
ha ba

② ばか (바보)
ba ka

③ えび (새우)
e bi

④ ぼうし (모자)
bo － shi

(3) 半濁音(반탁음 : はんだくおん)

ぱ	ぴ	ぷ	ぺ	ぽ
pa	pi	pu	pe	po

발음 「ぱ行」의 자음발음은 영어의 「p」와 우리말 「ㅍ」의 중간음이다.

발음연습
① たんぽぽ (민들레)
tam po po

② はっぱ (잎사귀)
hap pa

③ ほっぺた (뺨)
hop pe ta

④ むてっぽう (무모함)
mu tep po －

(4) 拗音(요음：ようおん)

반모음 「や・ゆ・よ」가 다른 가나와 함께 쓰여, 그 가나와 함께 한 글자처럼 발음하는 경우를 요음이라고 한다. 단, 요음에서의 반모음 「や・ゆ・よ」는 가나의 오른쪽 밑에 작게 쓰며 오직 「이」모음이 들어있는 글자와 함께 쓰인다.

히라가나(ひらがな)			가타카나(カタカナ)		
きゃ kya	きゅ kyu	きょ kyo	キャ kya	キュ kyu	キョ kyo
しゃ sya	しゅ syu	しょ syo	シャ sya	シュ syu	ショ syo
ちゃ cha	ちゅ chu	ちょ cho	チャ cha	チュ chu	チョ cho
にゃ nya	にゅ nyu	にょ nyo	ニャ nya	ニュ nyu	ニョ nyo
ひゃ hya	ひゅ hyu	ひょ hyo	ヒャ hya	ヒュ hyu	ヒョ hyo
みゃ mya	みゅ myu	みょ myo	ミャ mya	ミュ myu	ミョ myo
りゃ rya	りゅ ryu	りょ ryo	リャ rya	リュ ryu	リョ ryo
ぎゃ gya	ぎゅ gyu	ぎょ gyo	ギャ gya	ギュ gyu	ギョ gyo
じゃ ja	じゅ ju	じょ jo	ジャ ja	ジュ ju	ジョ jo
ぢゃ ja	ぢゅ ju	ぢょ jo	ヂャ ja	ヂュ ju	ヂョ jo
びゃ bya	びゅ byu	びょ byo	ビャ bya	ビュ byu	ビョ byo
ぴゃ pya	ぴゅ pyu	ぴょ pyo	ピャ pya	ピュ pyu	ピョ pyo

例 おきゃくさん (손님)
　　o kya ku san

きょり (거리)
kyo ri

しゃかい (사회)
sha ka i

しゅみ (취미)
shu mi

おちゃ (차)
o cha

ちゅうしゃ (주차)
chu － sya

ひゃく (백)
hya ku

みゃく (맥)
mya ku

(5) 促音(촉음 : そくおん)

촉음은 우리말의 받침과 같은 역할을 하는 것으로 「つ」자를 가나의 오른쪽 밑에 작게 써서 나타낸다. 단, 발음은 바로 뒷글자의 영향을 받아 뒷글자의 자음과 일치하는데, 음의 길이가 우리의 받침과는 달리 한 박자이므로 주의를 요한다.

① 「k」받침이 되는 경우

　いっき (단숨에 마심)　　　　きっかけ (계기)
　ik　ki　　　　　　　　　　kik　ka ke

② 「s」받침이 되는 경우

　いっさい (한살)　　　　　　さっそく (즉시)
　is　sa i　　　　　　　　　sas　so ku

③ 「t」받침이 되는 경우

　きって (우표)　　　　　　　おっと (남편)
　kit　te　　　　　　　　　ot　to

④ 「p」받침이 되는 경우

　いっぱい (한잔)　　　　　　しっぽ(꼬리)
　ip　pa i　　　　　　　　　ship　po

(6) 撥音(발음 : はつおん)

일본어의 「ん」은 우리말의 받침과 같은 구실을 하는데, 뒤에 오는 글자에 따라 발음이 달라진다.

단, 「ん」은 우리말의 받침과는 달리 한 박자이므로 주의해야 한다.

① [m](「ㅁ」)의 경우 ― ま・ば・ぱ行 앞에서

　ぶんめい(문명)　　　　　　しんまえ(신인)
　bum　mei　　　　　　　shim　ma e

　はんばい(판매)　　　　　　しんぶん(신문)
　ham　bai　　　　　　　shim　buN

　さんぽ(산책)
　sam　po

② [n](「ㄴ」)의 경우 ― さ・ざ・た・だ・な・ら行 앞에서

　ぎんざ(긴자)　　　　　　　えんとつ(굴뚝)
　gin za　　　　　　　　　en　to tsu

　だんち(단지)　　　　　　　おんど(온도)
　dan　chi　　　　　　　　on　do

　こんど(이번)　　　　　　　あんらく(안락)
　kon　do　　　　　　　　an　ra ku

　おんな(여자)　　　　　　　かんじ(한자)
　on　na　　　　　　　　　kan　ji

③ [ŋ](「ㅇ」)의 경우－あ・か・が・は・や・わ行 앞에서

  ぎんこう(은행)   ほんや(책방)   りんご(사과)
  giŋ ko－   hoŋ ya   riŋ go
  かんこく(한국)   でんわ(전화)   てんいん(점원)
  kaŋ ko ku   deŋ wa   teŋ iN

④ [N]의 경우 － 끝음일 경우

※ 우리말 ㄴ+ㅇ의 발음으로 알아두면 된다.

위와 같이 대체로 4가지로 분류하나 학자마다 그 구분이 조금씩 다른 경우도 있다.

(7) 長音(장음 : ちょうおん)

長音은 원칙적으로 다음과 같이 표기한다.

①「あ」段글자 뒤에 오는「あ」는 장음임을 나타낸다.

  例 おばあさん (할머니)   おかあさん (어머니)

②「い」段글자 뒤에 오는「い」는 장음임을 나타낸다.

  例 にいさん (형님)   おじいさん (할아버지)

③「う」段글자 뒤에 오는「う」는 장음임을 나타낸다.

  例 くうき (공기)   ふうぞく (풍속)

④「え」段글자 뒤에 오는「え」는 장음임을 나타낸다.

  例 おねえさん (누님)   ええ (예)

  | Key Point |

  漢字語에서는「え」段글자 뒤에「い」를 써서 장음을 나타낸다. 이때의「い」는 장음표기이
  므로 앞글자만 길게 발음하고「い」는 발음하지 않는다.

    例 せんせい(선생님) えいが(영화)

⑤「お」段글자 뒤에 오는「う」,「お」는 앞글자가 장음임을 나타낸다.

  どうろ (도로)   おおさか (오오사카)   とおり (거리)
  ほうせき (보석)   おとうさん (아버지)   こおり (얼음)

(8) 기 타

철자법의 원칙은 발음대로 표기하는데, 다음과 같은 몇 가지 예외가 있다.

①「は」는 조사로 쓰일 때에 한하여 [wa]로 발음한다.
②「へ」는 조사로 쓰일 때에 한하여 [e]로 발음한다.
③「を」는 목적격 조사로서만 사용된다.

1. わたしは 会社員です。

あなたは 会社員ですか。
はい、わたしは 会社員です。

あなたも 会社員ですか。
いいえ、わたしは 会社員では ありません。

会社員

学生

先生

銀行員

運転手

医者

警察官

韓国人

日本人

ダイアローグ

山田：はじめまして。

李　：はじめまして。

山田：私は 山田と 申します。

李　：私は 李です。どうぞ よろしく。

山田：こちらこそ どうぞ よろしく おねがいします。

　　　李さんは 会社員ですか。

李　：はい、私は 会社員です。あなたも 会社員ですか。

山田：いいえ、私は 会社員では ありません。学生です。

ポイント

1. | ~は ~です(か) |　「~은/는 ~입니다(까?)」

   例 わたしは かいしゃいんです。(나는 회사원**입니다.**)

   　 あなたは せんせいですか。(당신**은** 선생(님)**입니까?**)

2. | ~は ~では ありません |　「~은/는 ~이/가 아닙니다」

   例 わたしは かいしゃいんでは ありません。(나는 회사원이 아닙니다.)

3. | ~と 申します |　「~라고 합니다」

   例 金と 申します。(김이라고 합니다.)

💚 **어구해설** 💚

• 山田(やまだ) : 야마다	• ~さん : ~씨, ~양
• 李(イー) : 이	• 会社員(かいしゃいん) : 회사원
• はじめまして : 처음 뵙겠습니다	• はい : 예
• 私(わたし) : 나, 저	• あなた : 당신(2인칭 대명사)
• こちらこそ : 저야말로	• ~も : ~도
• よろしく (おねがいします) : 잘 부탁드립니다	• いいえ : 아니오
	• 学生(がくせい) : 학생

トーキング

1.

> **例**
>
> わたしは 学生です。
> → わたしは 学生では ありません。

1) わたしは ぎんこういんです。 →

2) わたしは うんてんしゅです。 →

3) わたしは いしゃです。 →

4) わたしは けいさつかんです。 →

2.

例

かんこくじん
韓国人

あなたは 韓国人ですか。

→ はい、わたしは かんこくじんです。
　　いいえ、わたしは かんこくじんでは ありません。

1)

にほんじん
日本人

2)

ちゅうごくじん
中国人

3)

じん
アメリカ人

4)

イギリス人

5)

じん
フランス人

6)

じん
ドイツ人

チェック アップ

1. 正(ただ)しい ものを 選(えら)んで、〇を つけなさい。

（例） ⓐ かんこくじん
　　　 ⓑ がんこうじん
　　　 ⓒ かんごくじん

1)
　 ⓐ がいしゃいん
　 ⓑ かいしゃいん
　 ⓒ かいしやいん

2)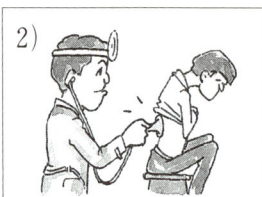
　 ⓐ いいしゃ
　 ⓑ いしや
　 ⓒ いしゃ

3)
　 ⓐ ちゅこくじん
　 ⓑ ちゅごくじん
　 ⓒ ちゅうごくじん

4)
　 ⓐ ぎんこういん
　 ⓑ きんごういん
　 ⓒ ぎんこおいん

2. 文(ぶん)を 完成(かんせい)しなさい。

（例）
あなたは 日本人ですか。

→ | はい、わたしは にほんじんです。
　 | いいえ、わたしは にほんじんでは ありません。

1) 山田さんは 先生ですか。

　 → はい、_____

2) ブラウンさんは アメリカ人ですか。

　 → いいえ、_____

3) 金さんは 警察官ですか。

　 → はい、_____

ヒアリング

1.

> テープを 聞いて 正しい ものに ○を つけなさい。
> ⊙ ブラウンさんは イギリスじんです。会社員です。
> ⊙ 中山さんは にほんじんです。うんてんしゅです。
> ⊙ 李さんは かんこくじんです。けいさつかんです。

1) ブラウンさんは
 ⓐ にほんじん
 ⓑ アメリカじん
 ⓒ イギリスじん
 です。

2) なかやまさんは
 ⓐ うんてんしゅ
 ⓑ がくせい
 ⓒ せんせい
 です。

3) イーさんは
 ⓐ ていしゃつかん
 ⓑ けいさつかん
 ⓒ けいしゃつかん
 です。

2.

> テープを 聞いて 正しい ものに ○を つけなさい。
> 山田：はじめまして、わたしは 山田です。どうぞ よろしく。
> 田中：はじめまして、田中です。こちらこそ よろしく おねがいします。
> 山田：失礼ですが、田中さんは 学生ですか。
> 田中：はい、わたしは 学生です。山田さんも 学生ですか。
> 山田：いいえ、わたしは 学生では ありません。かいしゃいんです。

1) 田中さんは
 ⓐ がくせい
 ⓑ せんせい
 ⓒ かいしゃいん
 です。

2) 山田さんは
 ⓐ せんせい
 ⓑ かいしゃいん
 ⓒ だいがくせい
 です。

コーヒーブレーク

あいさつ

おはようございます。
おはようございます。

こんにちは。
こんにちは。

こんばんは。
こんばんは。

ありがとうございます。
いいえ、どういたしまして。

いただきます。

ごちそうさま（でした。）

2. これは 私の 荷物です。

これは 何ですか。
それは 本です。
これは だれの 本ですか。
それは 山田さんの です。

本

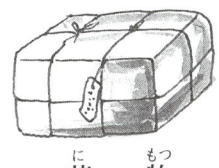
荷物

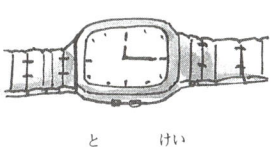
時計

新聞

眼鏡

傘

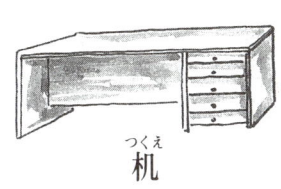
机

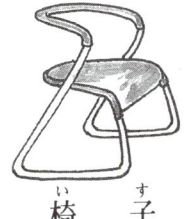
椅子

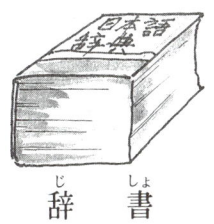
辞書

ダイアローグ

金　　　：あのー、すみません。

従業員：はい、何ですか。

金　　　：私の 荷物を お願いします。

従業員：あ、荷物ですか。どれですか。

金　　　：あれです。

従業員：あ、あれが あなたのですか。

金　　　：はい、そうです。どうも ありがとうございます。

従業員：いいえ、どういたしまして。

金　　　：さようなら。

従業員：はい、さようなら。

ポイント

1. 指示代名詞(사물)

이것	그것	저것	어느 것
これ	それ	あれ	どれ

2. ～の

1) 명사와 명사 연결 : 「～의」

例 あなたの 荷物は どれですか。(당신의 짐은 어느 것입니까?)

2) 명사와 명사 연결 : 해석 안함

例 これは 日本語の 本です。(이것은 일본어의 책입니다.)

3) 형식 명사 : 「～(의) 것」

例 これは わたしのです。(이것은 나의 것입니다.)

3. ～を 「～을/를」

例 私の 荷物を お願いします。(나의 짐을 부탁드립니다.)

4. ～が 「～이/가」

例 あれが あなたのですか。(저것이 당신의 것입니까?)

💚 어구해설 💚

- あのー、すみません :
  저, 미안합니다(실례합니다)
- 従業員(じゅうぎょういん) : 종업원
- 何(なん)ですか :
  무엇입니까?(왜 그러십니까?)
- 荷物(にもつ) : 짐

- そうです : 그렇습니다
- どうも ありがとうございます :
  대단히 고맙습니다
- どういたしまして : 천만에요(별말씀을요)
- さようなら : 안녕히 가십시오(계십시오)

トーキング

1.

例 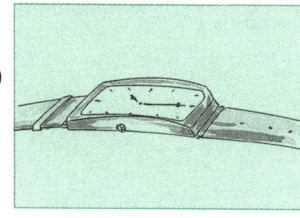 これは 何ですか。
→ それは 時計です。

1)  →

2)  →

3)  →

4)  →

5) 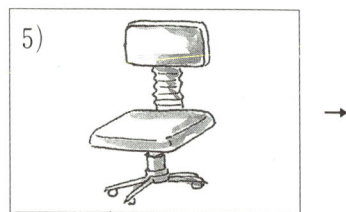 →

2.

山田さん 　先生 　朴さん

例

これは だれの (かばん)ですか。

→ それは (先生の)です。

1)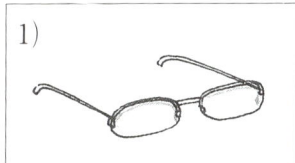

これは だれの (　　　　　)ですか。

→ それは (　　　　　)です。

2)

これは だれの (　　　　　)ですか。

→ それは (　　　　　)です。

3)

これは だれの (　　　　　)ですか。

→ それは (　　　　　)です。

4)

これは だれの (　　　　　)ですか。

→ それは (　　　　　)です。

5)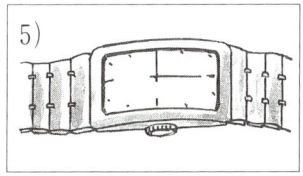

これは だれの (　　　　　)ですか。

→ それは (　　　　　)です。

チェック アップ

1. 絵を 見て　　に 書きなさい。

1) _____ 2) _____

3) _____ 4) _____

5) _____ 6) _____

7) _____

2. (　　)の 中に 適当な 言葉を 入れなさい。

  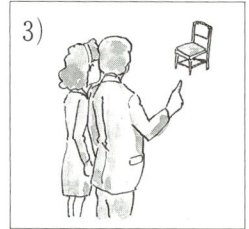 

1) (　　　　)は ほんです。

2) (　　　　)は つくえです。

3) (　　　　)は (　　　　)です。

4) しんぶんは (　　　　)ですか。

ヒアリング

1.

テープを 聞いて 例の ように 質問に 答えなさい。

⊙ つくえ、じしょ、めがね、日本語の 本、時計

⊙ つくえは わたしのです。

⊙ じしょは 山田さんのです。

⊙ 金さんのは めがねです。

⊙ 日本語の 本は 先生のです。

⊙ 時計は 田中さんのです。

例 わたしのは 何ですか。→ あなたのは つくえです。

1) 山田さんのは 何ですか。→

2) 先生のは 何ですか。→

3) 眼鏡は だれのですか。→

4) 時計は だれのですか。→

2.

テープを 聞いて 正しい ものに 〇を つけなさい。

金　：吉田さん、こんにちは。

吉田：あ、金さん、こんにちは。

金　：それは 何ですか。

吉田：あ、これですか。これは テープレコーダーです。

金　：だれのですか。

吉田：田中さんのです。

金　：その かばんも 田中さんのですか。

吉田：いいえ、これは 私のです。

1) テープレコーダーは { ⓐ 金さん ⓑ 吉田さん ⓒ 田中さん }のです。　2) かばんは { ⓐ 田中さん ⓑ 吉田さん ⓒ 金さん }のです。

3.

テープを 聞いて 絵に 番号を 書きなさい。

例 テープレコーダー

1. つくえ　　2. いす　　3. かばん　　4. ほん　　5. かさ

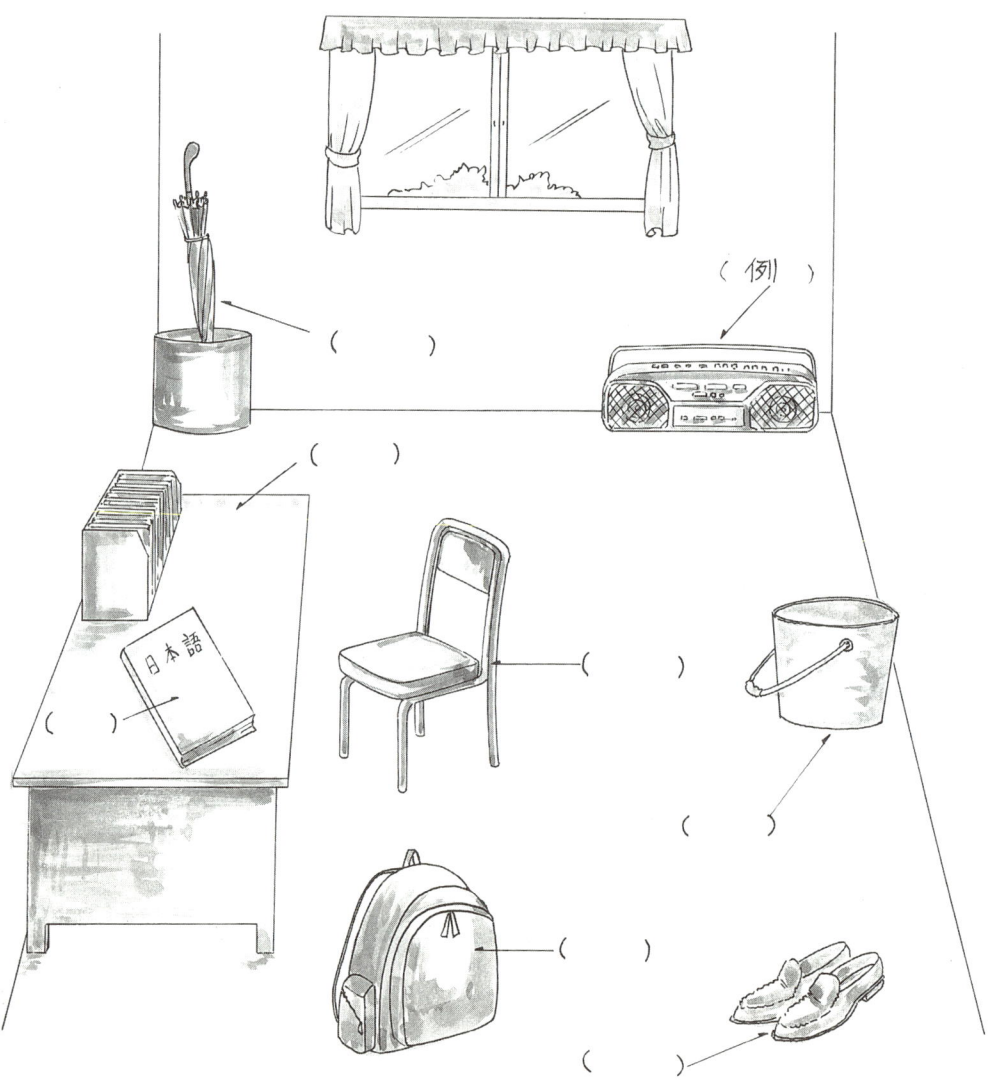

コーヒーブレーク

クロスワード パズル

	2)		5)		6)
				8)	
1)			3)		
			7)		
		4)			

〈よこの かぎ〉

1)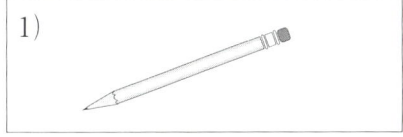

4)

5)

7)

8)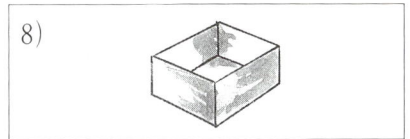

〈たての かぎ〉

2)

3)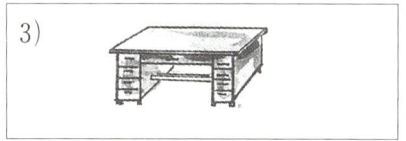

4)

6)

3. デパートは どこですか。

ソウルデパートは どこに ありますか。
あそこに あります。

山田さんは どこに いますか。
山田さんは 会議室に います。

デパート

お手洗い

バス停

公　園

受　付

会議室

タクシー乗り場

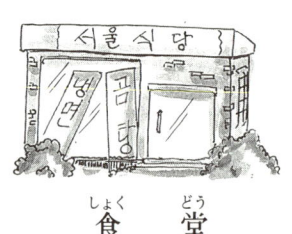

食　堂

一　階

ダイアローグ

日本人：ちょっと、すみません。ソウルデパートは どこに ありますか。

金　　：ソウルデパートは…ええと…あそこに あります。

日本人：ああ、あれですね。どうも ありがとうございます。

金　　：いいえ、どういたしまして。

＊　　　＊　　　＊

金　　：失礼ですが、山田さんは どこに いますか。

O・L　：会議室に います。

金　　：田中さんも いっしょですか。

O・L　：いいえ、田中は いません。

　　　　ただいま 外出中です。

ポイント

1. 指示代名詞(장소)

여기	거기	저기	어디
ここ	そこ	あそこ	どこ

2. あります・います

주어 ＼ 존재여부	있습니다	없습니다
사물・식물	あります	ありません
사람・동물	います	いません

3. ~は ~に あります(います) 「~은/는 ~에 있습니다」

例 ソウルデパート**は** あそこに **あります**。(서울백화점은 저기에 있습니다.)

朴さん**は** どこに **います**か。(박씨는 어디에 있습니까?)

4. ~が 「~(지)만」

例 失礼です**が**、山田さんは どこに いますか。

(실례합니다만, 야마다씨는 어디에 있습니까?)

♥ 어구해설 ♥

- ちょっと すみません : 잠깐 실례합니다
- ソウル : 서울
- デパート : 백화점
- 失礼(しつれい) : 실례
- 会議室(かいぎしつ) : 회의실
- いっしょですか : 함께입니까?
- ただいま : 지금, 방금, 이제 막
- 外出中(がいしゅつちゅう) : 외출중

トーキング

1. 例
カメラ・ここ

→
カメラは ここに あります。
カメラは ここには ありません。

1)
いぬ・そこ

2)
はな・あそこ

3)
ねこ・ここ

4)
トイレ・あそこ

2. 例
お手洗い(あそこ)

→
お手洗いは どこですか。
お手洗いは あそこです。

1)
食堂(そこ)

2)
山田さん(あそこ)

3)
バス停(そこ)

4)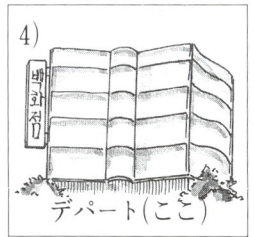
デパート(ここ)

3. 例
山田さん(会議室) →
山田さんは 会議室に います。
山田さんは 会議室には いません。

1) 受付(一階) →

2) 金さん(食堂) →

3) バス停(駅の前) →

4) パゴダ公園(鍾路) →

チェック アップ

1. 正しい ものを 選んで、〇を つけなさい。

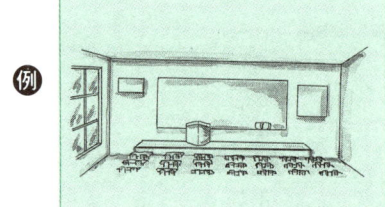

例

ⓐ きょうしつ

ⓑ きおしつ

ⓒ きょしいつ

1)

ⓐ あておらい

ⓑ おであらい

ⓒ おてあらい

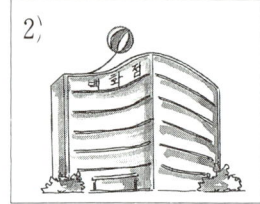

2)

ⓐ テバート

ⓑ デパート

ⓒ テパート

3)

ⓐ しょくどう

ⓑ しおくどう

ⓒ しおくとう

4)

ⓐ こうえん

ⓑ こおえん

ⓒ ごうえん

2 例の ように (　　)を うめて 下さい。

例　ソウルデパートは 明洞に (あります。)

1) バス停は 駅の 前に (　　　　　)

2) 受付は 一階に (　　　　)

3) 金さんは 食堂に (　　　　)

4) ねこは 公園に (　　　　)

5) 花は あそこに (　　　　)

ヒアリング

1.

テープを 聞いて 正しい ものに 〇を つけなさい。

田中：ちょっと、すみません。バス停は どこですか。

山田：あそこです。

田中：タクシー乗り場も あそこに ありますか。

山田：いいえ、タクシー乗り場は 駅の 前です。

田中：あー、そうですか。どうも、ありがとう。

山田：いいえ。

1) バス停は
  ⓐ ここ
  ⓑ そこ
  ⓒ あそこ
に あります。

2) タクシー乗り場は
  ⓐ 駅の 前
  ⓑ 公園
  ⓒ 食堂
に あります。

2.

テープを 聞いて 正しい ものに 〇を つけなさい。

田中：山田さん、鈴木さんは いま どこに いますか。

山田：あ、鈴木さんですか。いま 公園に います。

田中：中山さんも いっしょですか。

山田：いいえ、中山さんは 食堂です。

田中：そうですか。どうも、さようなら。

山田：いいえ、どういたしまして。さようなら。

1) 公園には
  ⓐ 田中さん
  ⓑ 山田さん
  ⓒ 鈴木さん
が います。

2) 食堂には
  ⓐ 山田さん
  ⓑ 鈴木さん
  ⓒ 中山さん
が います。

コーヒーブレーク

韓・日生활 속의 차이점

1) 젓가락 놓는 법

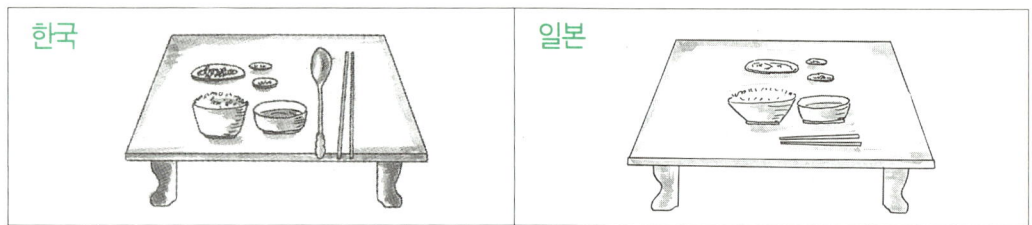

2) 식사 습관

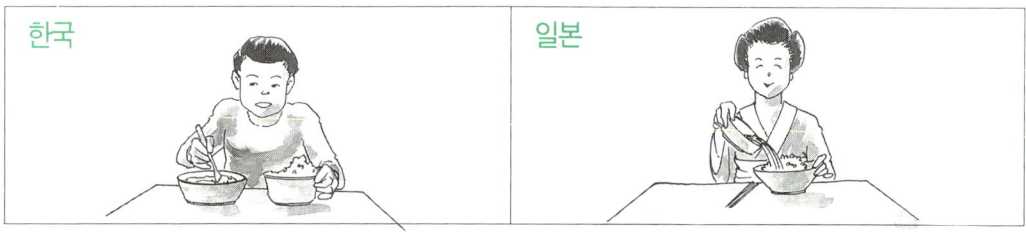

3) 통행 방법

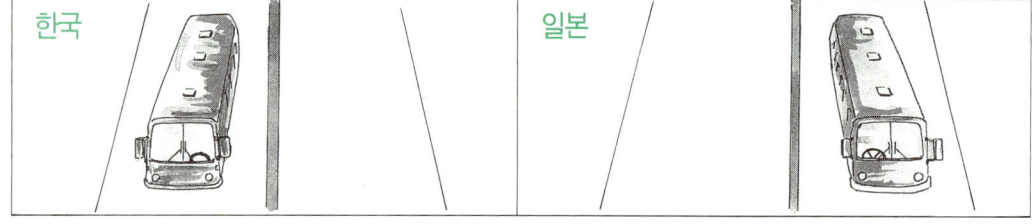

4. いくらですか。

ハンバーガーは **いくらですか。**
500円です。
<small>ごひゃくえん</small>

ハンバーガー

コーヒー

ラーメン

サンドイッチ

ジュース

アイスクリーム

定　食
<small>てい　しょく</small>

ボールペン

コーラ

ダイアローグ

店員：いらっしゃいませ。

お客：すいません。この ハンバーガーは いくらですか。

店員：500円です。

お客：コーヒーは いくらですか。

店員：コーヒーは 300円です。

お客：では、ハンバーガーと コーヒーを ください。

店員：はい、全部で 800円です。

お客：はい。

店員：はい、5,000円 おあずかりします。

　　　4,200円の おかえしです。

　　　少々 お待ちください。

　　　　　　　　　　　　*　　　*　　　*

店員：お待たせしました。

　　　さあ、どうぞ。ハンバーガーと コーヒーです。

お客：はい、どうも。

ポイント

1. 連体詞

이	그	저	어느
この	その	あの	どの

2. どうぞ

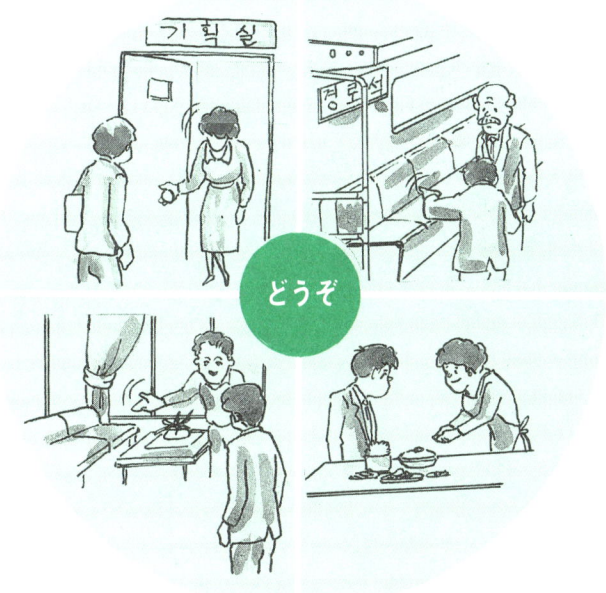

3. 〜と 「〜와/과」

例 ハンバーガー**と** コーヒーを ください。(햄버거**와** 커피를 주십시오.)

♥ 어구해설 ♥

- 店員(てんいん) : 점원
- お客(きゃく) : 손님
- いらっしゃいませ : 어서 오십시오
- すいません(＝すみません) :
  실례(죄송)합니다
- ハンバーガー : 햄버거
- いくらですか : 얼마입니까?
- 500(ごひゃく)
- 円(えん) : 엔
- コーヒー : 커피
- 300(さんびゃく)
- では : 그럼, 그러면
- ください : 주십시오

- 全部(ぜんぶ)で : 전부(모두)해서
- 800(はっぴゃく)
- 5000(ごせん)
- 札(さつ) : 지폐
- おあずかりします :
  보관하겠습니다(받겠습니다)
- 4200(よんせんにひゃく)
- おかえし : 거스름돈
- 少々(しょうしょう) : 잠깐
- お待(ま)ちください : 기다려 주십시오
- お待(ま)たせしました :
  기다리게 해서 미안합니다
- さあ、どうぞ : 자,(여기 있습니다)

トーキング

1. 数

	10	100	1,000	10,000
1	じゅう	ひゃく	せん	いちまん
2	にじゅう	にひゃく	にせん	にまん
3	さんじゅう	さんびゃく	さんぜん	さんまん
4	よんじゅう	よんひゃく	よんせん	よんまん
5	ごじゅう	ごひゃく	ごせん	ごまん
6	ろくじゅう	ろっぴゃく	ろくせん	ろくまん
7	ななじゅう	ななひゃく	ななせん	ななまん
8	はちじゅう	はっぴゃく	はっせん	はちまん
9	きゅうじゅう	きゅうひゃく	きゅうせん	きゅうまん

2.

ラーメンは いくらですか。
→1,000円です。

1)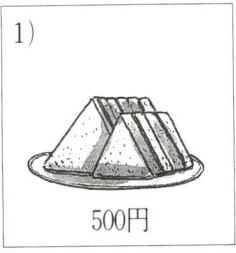

500円

2)

200円

3)

150円

4)

600円

5)

300ウォン

6)

400ウォン

7)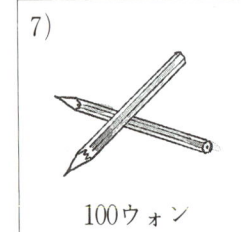

100ウォン

8)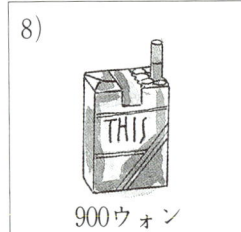

900ウォン

チェック アップ

1. 数字を 書きなさい。

例 | 14 → じゅうよん

1) 48 →   2) 96 →

3) 125 →   4) 661 →

5) 732 →   6) 1,995 →

7) 3,873 →   8) 10,001 →

9) 16,309 →   10) 78,458 →

2. 正しい ものを 選んで, ○を つけなさい。

例

ⓐ ハンバーガー
ⓑ バンハーカー
ⓒ ヘンバガー

1)

ⓐ コーヒ
ⓑ ユーヒー
ⓒ コーヒー

2)

ⓐ ていしょく
ⓑ てえしょく
ⓒ でいしょく

3)

ⓐ ジョース
ⓑ ジュース
ⓒ シューズ

4)

ⓐ ザントイチ
ⓑ サンドヒッチ
ⓒ サンドイッチ

1.

テープを 聞いて 正しい ものに ○を つけなさい。

お客：すみません。サンドイッチ ありますか。

店員：はい、あります。

お客：いくらですか。

店員：700ウォンです。

お客：コーヒーも ありますか。

店員：はい。

お客：それは いくらですか。

店員：150ウォンです。

お客：では、サンドイッチと コーヒーを ください。

店員：はい、かしこまりました。全部で、850ウォンです。

1) サンドイッチは
- ⓐ はっぴゃくウォン
- ⓑ ろっぴゃくウォン
- ⓒ ななひゃくウォン

です。

2) コーヒーと サンドイッチは ぜんぶで、
- ⓐ ごひゃくにじゅうウォン
- ⓑ はっぴゃくごじゅうウォン
- ⓒ きゅうひゃくはちじゅうウォン

です。

2.

例の ように 数字を 書きなさい。

例 しち

1) きゅう　　　　　　　　　2) じゅうよん

3) よんじゅういち　　　　　4) ななじゅうはち

5) さんびゃくろくじゅうご　6) よんひゃく

7) せんひゃくじゅういち　　8) よんせんろっぴゃくはちじゅうなな

9) いちまんきゅうじゅうに　10) はちまんななせんきゅうひゃくさん

　　　　　　　　　　　　　　　　じゅうよん

例　　　　　7

1) ＿＿＿＿＿＿＿＿＿＿＿　　2) ＿＿＿＿＿＿＿＿＿＿＿

3) ＿＿＿＿＿＿＿＿＿＿＿　　4) ＿＿＿＿＿＿＿＿＿＿＿

5) ＿＿＿＿＿＿＿＿＿＿＿　　6) ＿＿＿＿＿＿＿＿＿＿＿

7) ＿＿＿＿＿＿＿＿＿＿＿　　8) ＿＿＿＿＿＿＿＿＿＿＿

9) ＿＿＿＿＿＿＿＿＿＿＿　　10) ＿＿＿＿＿＿＿＿＿＿＿

3.

例の ように 電話番号を 書きなさい。

例 ゼロいちにの にさんの ごななろくなな

1) きゅうゼロにの いちいちさんさん

2) ゼロさんにの よんきゅうよんの さんろくきゅうはち

3) ゼロさんさんはちの にしちはちの ごしちゼロに

4) ゼロごいちの さんろくきゅうの いちよんゼロなな

5) ゼロろくさんいちの なないちはちの いちきゅうよんに

例 012)23—5767

1) ＿＿＿＿＿＿＿＿＿＿＿　　2) ＿＿＿＿＿＿＿＿＿＿＿

3) ＿＿＿＿＿＿＿＿＿＿＿　　4) ＿＿＿＿＿＿＿＿＿＿＿

5) ＿＿＿＿＿＿＿＿＿＿＿

コーヒーブレーク

世界の　お金
せ かい かね

1）円
えん

2）$
ドル

3）マルク

4）ポンド

5）フラン

5. ソウルは 大きい 都市です。

あの 高い ビルは 貿易センターです。
韓国で いちばん 高いですか。
いいえ、63ビルよりは 高く ありません。

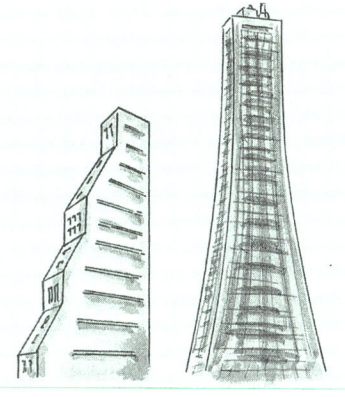

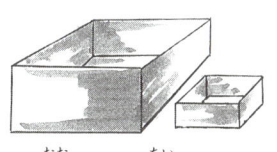
大きい・小さい

高い・低い

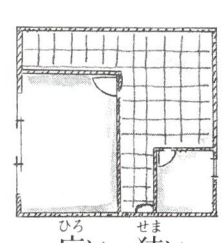
広い・狭い

おいしい・まずい

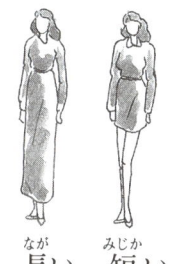
長い・短い

易しい・難しい

新しい・古い

高い・安い

暑い・寒い

ダイアローグ

横山　　：ソウルは ほんとうに 大きい 都市ですね。

運転手：ええ、けっこう 大きいですよ。

横山　　：あの 高い ビルは 何ですか。

運転手：あれですか。あれは 貿易センターです。

横山　　：あの ビルが 韓国で いちばん 高いですか。

運転手：いいえ、63ビルよりは 高く ありません。

横山　　：あ、そうですか。

　　　　　63ビルは どこに ありますか。

運転手：汝矣島に あります。

　　　　　あそこには 広い 広場も ありますよ。

ポイント

1. **形容詞**

   1) 기본형：어미「～い」

   例 高い(높다, 비싸다)　広い(넓다)

   2) 정중한 표현　　～い　　　　　　　「～다」

   　　　　　　　　～いです　　　　　「～ㅂ니다」

   例 高い(높다)

   　　高いです(높습니다)

   3) 수식　～い

   　　　　　～い＋체언　　　　　　「～ㄴ＋체언」

   例 高い

   　　高い ビル(높은 빌딩)

   4) 정중한 부정 표현　～い

   　　　　　　　　　　　～く(は) ありません　　　「～지 않습니다」

   例 高い

   　　高く ありません(높지 않습니다)

2. **～で**　「～에서」

   例 あの ビルが 韓国で いちばん 高いですか。

   　(저 빌딩이 한국에서 가장 높습니까?)

3. **～より**　「～보다」

   例 63ビルよりは 高く ありません。(63빌딩보다는 높지 않습니다.)

● 스모

스모는 일본의 국기라고 하여 이미 7세기경부터 행해지고 있었지만, 점차로 변천해서 현재와 같은 일년에 6번 대전을 치르는 오즈모가 되어 역사들은 순위표에 따라 대전하고 좋은 성적을 남기려고 열전을 전개한다.

경기방법은 직경 4.55m의 원형을 한 자면의 공간내에서 두 사람의 역사(力士)가 기술을 겨루고, 상대를 원형 밖으로 나가게 하든가 지면에 넘어 뜨려서 승부를 결정한다. 역사는 전통 양식에 따라서 옛날 모양인 상투식으로 머리를 틀어 올리고, 허리 부분에 마와시라고 부르는 천을 감는 것 이외는 나체가 된다. 시즌마다의 성적에 의해 순위가 정해지고 최고 자리는 요코즈나이다.

한 시즌에서 15일간, 각 역사는 매일 1회 대전하고 최다승의 역사가 우승하는 것으로 된다.

トーキング

1.

例

はる、あたたかい

はるは あたたかいです。

→ あたたかい　はるです。

1) なつ、あつい

2) あき、すずしい

3) ふゆ、さむい

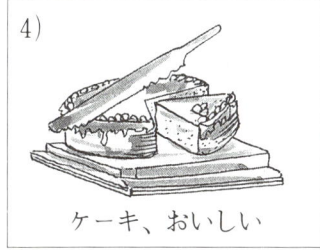

4) ケーキ、おいしい

5) ねこ、かわいい

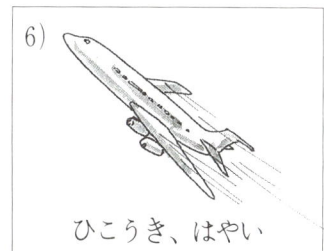

6) ひこうき、はやい

2.

例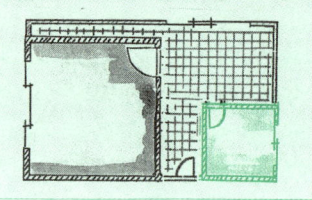

あなたの 部屋は 広いですか。

→ いいえ、広く ありません。狭いです。

1)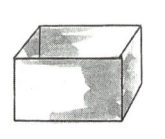

箱は 大きいですか。

→

2)

キムチは おいしいですか。

→

3)

スカートは 短いですか。

→

4)

日本語は 易しいですか。

→

5)

この 靴は 新しいですか。

→

チェック アップ

1. 正しい ものを 選んで、〇を つけなさい。

例
- ⓐ 大おきい
- ⓑ 大きい
- ⓒ 大い

1)
- ⓐ 小い
- ⓑ 小いさい
- ⓒ 小さい

2)
- ⓐ 長い
- ⓑ 長がい

3)
- ⓐ 短じかい
- ⓑ 短かい
- ⓒ 短い

4)
- ⓐ 新らしい
- ⓑ 新しい
- ⓒ 新い

2. 例の ように 書きなさい。

> さむいですか。
> → いいえ、さむく ありません。あついです。

1) ふるいですか。→ いいえ、_____

2) やすいですか。→ いいえ、_____

3) ひろいですか。→ いいえ、_____

4) たかいですか。→ いいえ、_____

ヒアリング

1.

テープを 聞いて（　）の 中に 適当な 記号を 入れなさい。

1) 私は 長いです。

　私は 安いです。

　私は 何ですか。

2) 私は 小さく ありません。

　私は 安く ありません。

　私は 何ですか。

3) 私は 大きく ありません。

　私は 高く ありません。

　私は 何ですか。

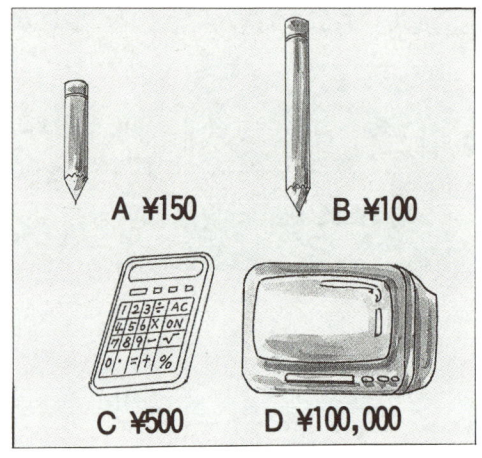

1)（　　　）

2)（　　　）

3)（　　　）

2.

テープを 聞いて 正しい ものに 〇を つけなさい。

田中：村山さんの 家は 大きいですか。

村山：はい、小さくは ありません。

田中：庭も ありますか。

村山：はい、あります。

田中：ひろいですか。

村山：いいえ、ひろく ありません。

1) 村山さんの 家は $\left\{\begin{array}{l} \text{ⓐ 大きい} \\ \text{ⓑ 小さい} \end{array}\right\}$ です。

2) 村山さんの 庭は $\left\{\begin{array}{l} \text{ⓐ ひろい} \\ \text{ⓑ せまい} \end{array}\right\}$ です。

形容詞 連想 ゲーム

1) ふかい（깊다）

2) やさしい（상냥하다）

3) さむい（춥다）

4) つらい（괴롭다）

5) あまい（달다）

6) あたらしい（새롭다）

7) たかい（높다, 비싸다）

8) さびしい（쓸쓸하다）

9) いそがしい（바쁘다）

10) おいしい（맛있다）

11) ながい（길다）

12) はやい（빠르다）

13) うつくしい（아름답다）

14) かなしい（슬프다）

15) こわい（무섭다）

16) かたい（딱딱하다）

　이 게임은 여러가지 형용사를 학습하는 데에 그 목적이 있다.

　우선, 각 형용사들의 뜻을 살펴보고, 두 개의 형용사로부터 연상되는 단어들을 （　）안에 적어보자. 그 단어는 명사, 형용사, 동사 등 어떤 품사라도 가능하며, 한국어로 적어도 무방할 것이다.

　그리고, 그 다음에는 다시 두 개의 （　）안의 단어들로부터 연상되는 단어를 오른쪽의 （　）안에 적어 나가는 식으로 진행하면 된다.

　정답은 없으며, 몇 개의 그룹으로 나누어 게임을 진행하다보면 마지막에 의외로 재미있고 기상천외한 단어들이 나올 수 있다는 데에 흥미를 느낄 수 있을 것이다. 어디까지나 '연상게임'이므로, 깊이 생각하는 것보다는 빠르게 진행하는 것이 효과적일 것이다.

6. テストは 何時<ruby>なんじ<rt></rt></ruby>からですか。

テストは **何時から 何時まで**ですか。
九時<ruby>くじ<rt></rt></ruby>から 十時<ruby>じゅうじ<rt></rt></ruby>までです。

いちじ　ごじっぷん
1時 50分

にじ さんじっぷん にじ はん
2時 30 分(2時半)

さんじ にじゅうごふん
3時 2 5 分

よじ よんじゅうごふん
4時 4 5 分
ごじ　じゅうごふん　まえ
(5時 15 分 前)

ろくじ　ごじっぷん
6時 50分
しちじ　じっぷん　まえ
(7時 10分 前)

はちじ　ごじゅうごふん
8時 5 5 分
くじ　ごふん　まえ
(9時 5分 前)

じゅういち じ じっぷん
1 1 時10分

じゅうにじ
(ちょうど) 12 時

じゅうにじ じっぷん
12 時10分

ダイアローグ

金　：あした　テストが　あります。

山田：それは　たいへんですね。日本語の　テストも　ありますか。

金　：ええ、もちろんです。

山田：何時からですか。

金　：午前　十時からです。

山田：では　何時までですか。

金　：午後　三時までです。

山田：昼休みは　何時から　何時までですか。

金　：十二時から　一時までです。

山田：そうですか。じゃ、がんばって　ください。

ポイント

1. $\boxed{\text{〜から 〜まで}}$ 「〜부터(에서) 〜까지」

   例 ソウル**から** 釜山**まで** (서울**에서** 부산**까지**)

   昼休みは 十二時**から** 十二時 五十分**まで**です。

   (점심시간은 12시**부터** 12시 50분**까지**입니다.)

♥ 어구해설 ♥

- **あした**：내일
- **テスト**：테스트, 시험
- **それは たいへんですね**：

  그거 힘들겠군요(큰일이군요)
- **もちろんです**：물론입니다
- **午前(ごぜん)**：오전

- **では(＝じゃ)**：그러면, 그럼
- **午後(ごご)**：오후
- **昼休(ひるやす)み**：점심시간
- **がんばって ください**：분발하세요,

  힘내세요, 열심히 하세요

トーキング

1. 時間

	時(じ)	分(ふん・ぷん)
1	いちじ	いっぷん
2	にじ	にふん
3	さんじ	さんぷん
4	よじ	よんぷん
5	ごじ	ごふん
6	ろくじ	ろっぷん
7	しちじ	ななふん
8	はちじ	はっぷん
9	くじ	きゅうふん
10	じゅうじ	じっぷん・じゅっぷん
11	じゅういちじ	じゅういっぷん
12	じゅうにじ	じゅうにふん
⋮	⋮	⋮
何	なんじ	なんぷん

2.

今 何時ですか。

→ じゅうじ じっぷんです。

1)

2)

3)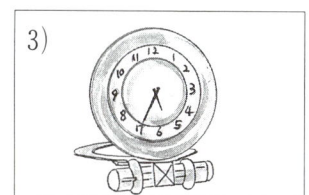

4)

5)

6)

チェック アップ

1. 例の ように 時間を 書きなさい。

例	**1時 半 → いちじ はん**

1) 4時 10分 → _____

2) 7時 24分 → _____

3) 9時 37分 → _____

4) 10時 10分 前 → _____

5) 12時 → _____

2. 下の 表を 見て、適当な 言葉を 入れなさい。

〈講義表〉

	時　　間	先生(講義室)		
1	09：00〜09：50	山田(A)		田中(C)
2	10：00〜10：50		田中(B)	木村(C)
3	11：00〜11：50	木村(A)	山田(B)	
昼休み	11：50〜13：00			
4	13：00〜13：50	田中(A)		山田(C)
5	14：00〜14：50		田中(B)	木村(C)

1) 1時間目の 講義は (　　　　　)から (　　　　　)までです。

2) (　　　　　)先生の 講義は 4時間 あります。

3) (　　　　　)は 午後 にじから にじごじっぷんまでです。

4) ひるやすみは (　　　　)から (　　　　)までです。

5) 山田先生の 講義は (　　　　)時間 あります。

ヒアリング

1.

時間を 書きなさい。

㊀ 銀行は 9：30から 午後 4：30までです。

1. デパートは 10：30から 午後 7：30までです。

2. 学校は 8：30から 午後 4：00までです。

3. ゆうびんきょくは 9：00から 午後 6：00までです。

4. 山田先生の 講義は 10：00から 10：50までです。

5. プロ野球は たいてい 午後 2：00から 5：00までです。

（9：30～4：30）

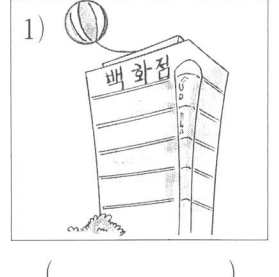

1) （　　　　　）

2) （　　　　　）

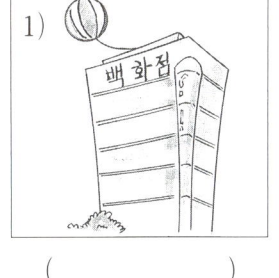

3) （　　　　　）

4) （　　　　　）

5) （　　　　　）

2.

テープを 聞いて 正しい ものに ○を つけなさい。

山田：すみません。今 何時ですか。

金 ：9時 10分 前です。

山田：授業(じゅぎょう)は 何時からですか。

金 ：9時からです。

山田：昼休みは 何時から 何時までですか。

金 ：昼休みは 12時から 午後 1時までです。

山田：では、学校は 何時までですか。

金 ：午後 4時 半までです。

1) いまは　
ⓐ 9時 10分
ⓑ 8時 50分
ⓒ 8時 20分
です。

2) 授業(じゅぎょう)は　
ⓐ くじ
ⓑ じゅうじ
ⓒ はちじ
からです。

3) 昼休みは　
ⓐ 11時
ⓑ 12時
ⓒ 1時
までです。

4) 学校は　
ⓐ よじ
ⓑ よじはん
ⓒ ごじはん
までです。

コーヒーブレーク

放送番組
（ほうそうばんぐみ）

NHKテレビ ① ☎03(3465)1111	NHK教育 ③ ☎03(3465)1111		日本テレビ ④ ☎03(5275)1111
5.50㊩◇6.00Ⓝ㊩◇15古里 6.25㊩◇30土曜美の朝◇㊩	00　高校・物理◇30体操 40　フランス語　西永良成	**6**	5.00　天気◇6.00Ⓢ読響 小川典子◇45朝のⓃ
00Ⓢおはよう日本Ⓝ ▽社党に決別・兵庫の ５議員▽変わる病院食 ▽師走の旅・佐渡◇㊩	00　ハングル　原谷治美 20Ⓢベルリン美術館 30　週刊ボランティア(再)	**7**	00Ⓒ㋳うるとら７・00 30㋳心の灯「神の騎士」② 45車イスにやさしい街
8.15�字㊊春よ、来い 30　Ⓝ◇35くらしの経済 「味わってますか？地 域の特産品」中継大分	00㊝セサミストリート(再) ・　「ミクロ・スナフラパ ガス」小沢征爾 10　あいろえお(再)	**8**	00Ⓒウェークアップ！ すったもんだで新進党 きょう誕生・村山政権 打倒に秘策あり◇東京
9.30お母さんと一緒◇55歌 00　Ⓝ㊩◇05料理　カモ鍋 30⒮NHKスペシャル(再) 「生命40億年はるかな 旅」⑦◇11.25Ⓢ美術館	15　子供にんぎょう劇場(再) 30　さんすう◇45スタート 00Ⓢどん(再)◇15サイエンス 30Ⓢうたってあそぼ	**9**	9.30㋳途中下車の旅　横浜 中華街㊙鍋と穴場温泉
11.30いっと６けん　音楽会 ▽ビンリサイクル◇㊩	45　ジャパン＆ワールド(再) 00Ⓢぐうっと・ゴー(再)	**10**	00　素顔　野々村真㊙私生 活を大公開◇25企業 30　クイズ〝夢、宝くじ 超山盛りイクラ丼で夢 の１億3000万円に挑戦
00Ⓒ㊐◇15生活笑百科 平山みき　笑福亭仁鶴 45�字㊝春よ、来い(再)	15　歴史(再)◇30さがそう(再) 45　はてなにタックル(再) 00　イタリア語会話(再) 20　ロシア語(再)　亀山郁夫 40　中国語(再)　山下輝彦	**11**	11.25横浜◇Ⓝ◇50３分料理 00㊝サスペンス傑作劇場 「追いかける」(再) 岩間芳樹脚本　出目昌
00　Ⓝ◇05㊐Ⓢ花の乱(再) 「大文字」三田佳子ほか 50Ⓢざっくばらん(再)　初来 日ロボット人間大爆笑	00　スペイン語会話(再) 20　すくすく赤ちゃん ▽ベビーに贈る手作り	**0**	伸監督　市原悦子　い かりや長介　蟹江敬三 芦川よしみほか◇1.55Ⓝ
2.30Ⓢアジア・ミュージッ ク・フェスティバルイ ン京都　杏里　Ｊ－ウ オーク　崔健　艾敬 マイズーラ　マリベス	00Ⓢソリトン・野望山！(再) 「ルーツを求めて」ほか 45Ⓢ芸能花舞台・雪に燃え る恋心(再)　池田理代子	**1**	00　元祖超極上スペシャル 超豪華＆超珍品㊙料理 天国と地獄究極ツアー
	3.30　NHK人間大学 「新素材」柳田博明	**2**	(再)　あの超一流㊙女優 が命がけで…シリーズ 最終第４弾▽㊙グルメ
00　Ⓝ◇10㊐Ⓢ人形歴史劇 平家物語・第２部〝栄 華〟総集編(再)◇55風景	00Ⓢアルバム・日本の美 10　男の食彩(再)「カモ鍋」 35　テレビスポーツ教室	**3**	00完成！映画・家なき子 その後の波乱の運命？ 安達祐実　堂本光一ほか
00　海を越えた鉛筆・少女 たちの見たルーマニア 45　20世紀の主役たち	5.05Ⓢおかあさんといっし ょ(再)◇30Ⓢみんなの歌 35Ⓢアニメ・忍たま乱太郎	**4**	
00　Ⓝ◇10�字Ⓢアニメ・モ ンタナ・ジョーンズ (再)大塚明夫ほか 45　首都圏ニュース◇㊩	00　海外ドキュメンタリー (再)「僕らのＳＥＸ＆エ イズ」◇45名園散歩 50　ハングル講座(再)　いつ 来られたんでしたっけ	**5**	00　Ⓝ◇㊩TVおじゃマンボ ウ　家なき子▽生出演 安達＆堂本▽森脇が？
		6	00　Ⓝプラス１ 芦沢俊美　鷹西美佳 30　モグモグ　仰天対決・ 新妻VS子供・中華決戦
00Ⓝニュース７ 30Ⓢ'94NHK杯国際フィ ギュアスケート「ペア・ フリー」「アイスダン ス・フリー」「男子シン グル・フリー」 解説・五十嵐文男 実況・森中直樹 内藤勝人 ～岩手県・盛岡市アイ スアリーナ（録画）	7.10　ドイツ語会話(再)「市 民講座のギレスさん」 30　フランス語会話(再) 西永良成◇50Ⓢ名曲 55　NHK手話ニュース	**7**	00Ⓒスーパースペシャル'94 今夜発表・'94プロ野球 好珍プレーベスト100 ▽爆笑乱闘スタジアム ▽痛いけど…同情する なら笑ってくれ▽抱腹 絶倒珍プレー集▽本邦 初公開・M・ジョーダ ンのホームラン▽桑田 VS清原爆笑トーク▽さ わやかイチロー赤面ほか
	00ⓈN響アワー・オーケス トラに抱かれて　ブラ ームス「ピアノ協奏曲 第２番」ピアノ＝シフ 指揮＝サバリッシュ N響　中村紘子	**8**	
8.45　Ⓝ㊩			8.54　Ⓝ㊩

7. スーパーは 駅<ruby>えき</ruby>の そばに あります。

スーパーは どこに ありますか。
駅の そばに あります。

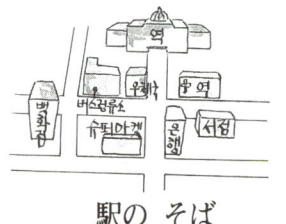
駅の そば

さらの みぎ(がわ)

テーブルの 上

池の 中

いすの した

女の 人の うしろ

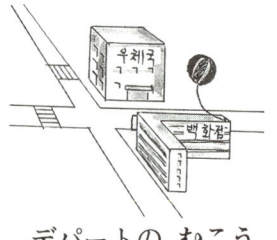
デパートの むこう

家の 前

会社とデパートの 間

ダイアローグ

山田　　　：あのう、この 近くに スーパーが ありますか。

お巡りさん：えーと あちらに 駅が ありますね。

　　　　　　あの 駅の そばに あります。

山田　　　：駅の そばですか。

お巡りさん：はい、あの 駅の みぎがわに 本屋が ありますね。

山田　　　：はい。

お巡りさん：その 本屋の となりに あります。

山田　　　：あ、本屋の となりですね。はい、わかりました。どうも。

お巡りさん：どういたしまして。

＊　　　＊　　　＊

山田　　　：すみません。本屋は どこですか。

お巡りさん：本屋ですか。本屋は ね…。ああ、あそこです。

山田　　　：ええ？

お巡りさん：あそこに 銀行が ありますね。その よこですよ。

山田　　　：ああ、そうですね。ありがとうございます。

ポイント

1. 位置表現

上（うえ）

中（なか）

下（した）

前（まえ）

後ろ（うしろ）

左（ひだり） 右（みぎ）

横（よこ）

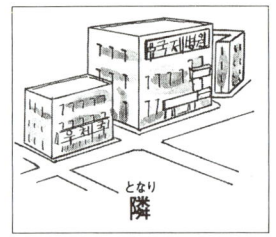
隣（となり）

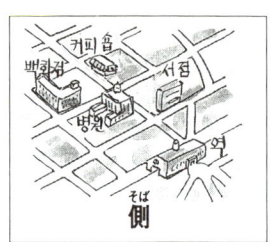
側（そば）

2. ～に ～が あります（います） 「～에 ～이/가 있습니다」

例 テーブルの 上に コーヒーが あります。（테이블 위에 커피가 있습니다.）
箱（はこ）の 中に 小犬（こいぬ）が います。（상자 속에 강아지가 있습니다.）

💚 어구해설 💚

- 近（ちか）く：근처
- スーパー：슈퍼마켓
- お巡（まわ）りさん：순경
- そば：옆
- みぎ（がわ）：오른쪽 ↔ ひだり（がわ）：왼쪽
- 本屋（ほんや）：책방

- となり：옆, 이웃
- わかりました：알겠습니다
- どういたしまして：천만에요
- 銀行（ぎんこう）：은행
- よこ：옆

トーキング

1.

例 | いす（つくえの まえ） → | いすは どこに ありますか。
いすは つくえの まえに あります。

1) ねこ（テーブルの した） →

2) 銀行（デパートの となり） →

3) お手洗い（えきの そば） →

4) 山田先生の 家（公園の ちかく） →

5) 横山（部屋の なか） →

2. 絵を 見て 例の ように 言って みましょう。

例 → テレビの したに とけいが あります。

テレビ/とけい

1)

テーブル/めがね

2)

いけ/きんぎょ

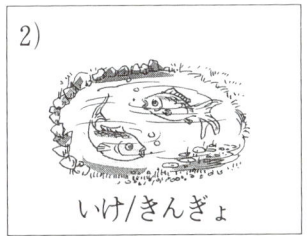

3)

くるま/横山

4)

わたし/山田

5)

デパートと郵便局/銀行

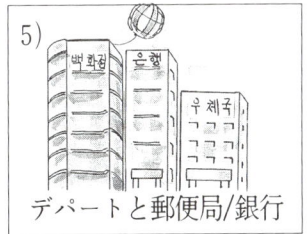

6)

家/木

チェック アップ

1. 絵を 見て 例の ように □の 中から 適当な 言葉を 選んで 書きなさい。

あいだ	むこう	そば	となり	まえ	うしろ	した	なか	うえ

> 例 木の (うえ)に 鳥が います。

1) タクシーの (　　　)に 村山さんが います。

2) ベンチの (　　　)に しんぶんが あります。

3) タクシーの (　　　)に バスが あります。

4) 本屋の (　　　)に デパートが あります。

5) デパートの (　　　)に バス停が あります。

6) 郵便局は 駅の (　　　)に あります。

7) コーヒーショップと 銀行の (　　　)に 薬屋が あります。

ヒアリング

1.

テープを 聞いて 正しい ものに ○を つけなさい。

◉ ここは 山田さんの 家です。

◉ 家の そばに 大きい 木が あります。

◉ 木の 下に ねこが います。

◉ 家の 前には くるまが あります。

◉ くるまの うしろに 山田さんが います。

◉ 家の となりには ゆうびんきょくが あります。

1) 山田さんは
- ⓐ いけの となり
- ⓑ くるまの うしろ
- ⓒ きの した

に います。

2) ゆうびんきょくは
- ⓐ いえの となり
- ⓑ いえの そば
- ⓒ いえの まえ

に あります。

3) 家の まえに
- ⓐ ゆうびんきょく
- ⓑ おおきい 木
- ⓒ くるま

が あります。

2.

テープを 聞いて ( )の 中に 適当な 言葉を 入れなさい。

◉ ここは 銀行です。　　　　　◉ 銀行の まえは 本屋です。

◉ 銀行の うしろは 病院です。　◉ 病院の 左は 花屋です。

◉ 病院の 右は スーパーです。

1) 銀行の まえは ( )です。　2) 病院の まえは ( )です。

3) 病院の ひだりは ( )です。　4) スーパーの ひだりは ( )です。

3.

テープを 聞いて 絵に 番号を 書きなさい。

(例)女：さあ、コーヒーを どうぞ。

男：どうも。ええと 新聞は どこに ありますか。

女：あの 机の 上に あります。

1) 女：あのねえ めがねは どこに あるの。

男：あそこに ありますよ。ほら、テレビの 上です。

2) 男：ええと、ごみばこは どこに ありますか。

女：ごみばこですか。あそこ、テレビの よこに ありますよ。

3) 男：たしか、ここに ねこが いますよね。

女：ええ、いますよ。

男：今日は いませんね。

女：いいえ、いますよ。この テーブルの 下に。

4) 男：今 何時でしょうか…ええと…時計は どこに…。

女：窓の 左側に かけて ありますけど…あら、もう 9時ですね。

5) 男：すみませんが、電話を ちょっと…。

女：ああ、どうぞ。テレビの 下に あります。

6) 男：コーヒー、ごちそうさまでした。

女：いいえ、どういたしまして。

男：あれ、わたしの かばんは。

女：ほら、あなたの うしろですよ。

コーヒーブレーク

つぎの ような 文章を 相手から 聞いて、描いて みましょう。

1) まんなかに 家が あります。
2) 家の みぎがわに 大きい 木が あります。
3) 木の うえに 鳥が います。
4) 木の したには いぬが います。
5) 家の ひだりがわの 上に くもが あります。
6) 家の 前には くるまが あります。
7) くるまの よこに こどもが います。
8) 家の うらに にわが あります。、
9) にわの 中に 池が あります。
10) 池の 中には きんぎょが います。

8. 交通は 便利ですか。

交通は 便利ですか。

いいえ、あまり 便利では ありません。

便利だ

立派だ

静かだ

賑やかだ

好きだ

嫌いだ

上手だ

下手だ

真面目だ

ダイアローグ

金　：山田さん！　お久しぶりですね。

山田：そうですね。ちょうど　一年ぶりですね。

　　　金さんの　事務所は　どこですか。

金　：この　ビルですよ。

山田：あーそうですか。大変　立派な　ビルですね。

金　：ええ、新しい　ビルです。

山田：交通は　便利ですか。

金　：いいえ、あまり　便利では　ありません。

山田：まわりは　静かですか。

金　：いいえ、静かでは　ありません。にぎやかな　方です。

ポイント

1. 形容動詞

1) 기본형 : 어미 「～だ」

例 静（しず）かだ(조용하다)　便利（べんり）だ(편리하다)

2) 정중한 표현　　　　**～だ**　　　　　　　　　「～다」

　　　　　　　　　　～です　　　　　　　　　「～ㅂ니다」

例 静かだ(조용하다)

静かです(조용합니다)

3) 수식　　　　　　　　**～だ**

　　　　　　　　　　～な＋체언　　　　　　　「～ㄴ＋체언」

例 静かだ

静かな 公園(조용한 공원)

4) 정중한 부정표현　　**～だ**

　　　　　　　　　　～では ありません　　　「～지 않습니다」

例 静かだ

静かでは ありません(조용하지 않습니다)

2. ～ぶり　「～만」

例 何年ぶりですか。(몇년 만입니까？)

♥ 어구해설 ♥

- お久（ひさ）しぶりですね : 오랜만이군요
- ちょうど : 꼭, 딱, 정확히
- 一年（いちねん） : 1년
- ～ぶり : ～만
- 事務所（じむしょ） : 사무소, 사무실
- ビル : 빌딩
- 大変（たいへん） : 매우
- 立派（りっぱ）だ : 멋지다, 훌륭하다
- 新（あたら）しい : 새롭다
- 交通（こうつう） : 교통
- あまり : 그다지, 별로
- まわり : 주위, 둘레
- ～方（ほう） : ～편, ～쪽

トーキング

1.

例  → はい、好きです。
　　　　　いいえ、あまり 好きでは ありません。

1)
じょうず
上手ですか

2)
きらいですか

3)
にぎ
賑やかですか

4)
簡単ですか

5)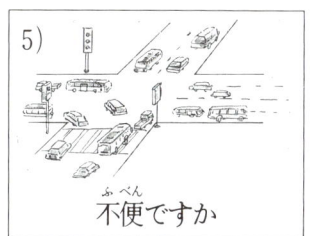
ふ べん
不便ですか

6)
しんせつ
親切ですか

2.

例  → 花が きれいです。
　　　　　きれいな 花が あります。

1)
さかな しんせん
魚/新鮮だ

2)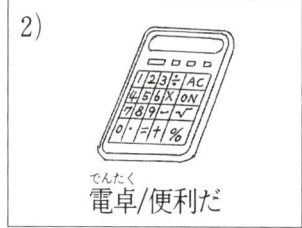
でんたく べんり
電卓/便利だ

3)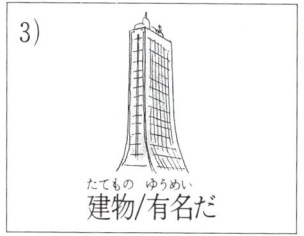
たてもの ゆうめい
建物/有名だ

4)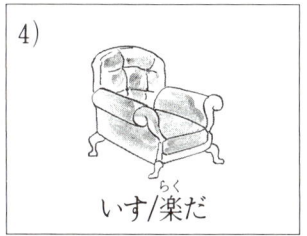
らく
いす/楽だ

5)
こども げんき
子供/元気だ

6)
し ごと
仕事/めんどうだ

チェック アップ

1. 正しい ものを 選んで、○を つけなさい。

例
ⓐ 静ずかだ。
ⓑ 静だ。
©ⓒ 静かだ。

1)
ⓐ 賑ぎやかだ。
ⓑ 賑やかだ。
ⓒ 賑かだ。

2)
ⓐ めんどうだ。
ⓑ めんどだ
ⓒ めんどおだ。

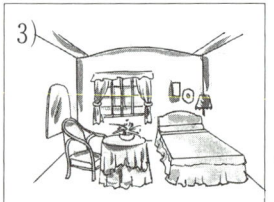

3)
ⓐ きれいな 部屋
ⓑ きれいだ 部屋
ⓒ きれいい 部屋

4)
ⓐ 上手だ 人
ⓑ 上手な 人
ⓒ じょうず 人

2. 例の ように 書きなさい。

例 | どんな 写真ですか。(きれいだ) → きれいな 写真です。

1) どんな 公園ですか。(静かだ) →
2) どんな 図書館ですか。(立派だ) →
3) どんな 学生ですか。(まじめだ) →
4) どんな 人ですか。(親切だ) →
5) どんな 子供ですか。(元気だ) →

ヒアリング

1.

テープを 聞いて 正しい ものに 〇を つけなさい。

朴　　：木村さんは 音楽が 好きですか。

木村：はい、好きです。

朴　　：どんな 音楽が 好きですか。

木村：そうですね。私は ジャズが 好きです。
　　　　朴さんは 何が 好きですか。

朴　　：私は クラシックが 好きです。

1) 朴さんは
$\left\{\begin{array}{l}ⓐ ジャズ \\ ⓑ ポップス \\ ⓒ クラシック\end{array}\right\}$ が 好きです。

2) 木村さんは
$\left\{\begin{array}{l}ⓐ 美術_{びじゅつ} \\ ⓑ 音楽_{おんがく} \\ ⓒ 建築_{けんちく}\end{array}\right\}$ が 好きです。

2.

テープを 聞いて 次の 問題に 〇、×を つけなさい。

1) 私は 金です。私は 日本語が 下手です。

　　私は 音楽が 好きです。中でも ロックが 一番 好きです。

2) 私は 佐藤です。金さんの 友だちです。

　　私は 韓国語が 上手です。私は 果物が とても 好きです。中でも

　　りんごや なしや みかん等が 好きです。ぶどうは きらいです。

3) ここは 明洞です。とても 賑やかな 町です。

　　人も 車も 多いです。交通は あまり 便利では ありません。

4) ここは 李さんの 部屋です。

とても 広いですが、あまり きれいでは ありません。

ここは しずかです。

例 金さんは 日本語が 上手です。 （ X ）

1) 金さんは 佐藤さんの 友だちです。 （ ）

2) 佐藤さんは ロックが 好きです。 （ ）

3) 佐藤さんは 果物が とても 好きです。 （ ）

4) 明洞は 賑やかな 町です。 （ ）

5) 明洞は 交通が 便利です。 （ ）

6) 李さんの 部屋は 静かでは ありません。 （ ）

7) 李さんの 部屋は 広いです。 （ ）

日本の 歌

サ チ コ

田中 収 — 作詞・作曲
ニック ニューサー 唄

くらい さかば
きょうも ひとり

の かーたーすーみで おれは おまえを ーまっ
で なかがわぞーいを あるく つめたい ーおれ

て いるのさ サチコ サチコ おまま
の このむね サチコ サチコ おおま
サチコ サチコ おおま

えーーーのーくろがみ おれは いまでもお まま
えーーーのーひとみが おれは いまでもお まま
えーーーのーすべてを おれは いまでも おま

えの なまえを よんだぜ よんだぜ つめめ
えの なまえを よんだぜ よんだぜ つめつ
えの ことーを すきだぜ すきだぜ つい

たいかぜーに
たいかぜーに

サチ

いーつまで も

9. 夏休みは いつからですか。

夏休みは いつからですか。
しちがつ にじゅうしちにち はちがつ とおか
7月 2 7日から 8月 10日までです。

いちがつ ついたち
1月 1日

さんがつ ついたち
3月 1日

しがつ いつか
4月 5日

ごがつ いつか
5月 5日

ろくがつ むいか
6月 6日

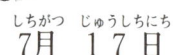

しちがつ じゅうしちにち
7月 1 7日

はちがつ じゅうごにち
8月 1 5日

じゅうがつ みっか
10月 3日

じゅうにがつ にじゅうごにち
12月 2 5日

ダイアローグ

山田：今年の 夏は たいへん 暑いですね。

朴君：ええ、去年に 比べて 2～3℃は 高いみたいです。

山田：さて、夏休みは いつからですか。

朴君：今週の 水曜日から 来週の 金曜日までです。

山田：あ、7月 27日から 8月 5日までですね。

朴君：ええ、そうです。

山田：けっこう 長いですね。どこかへ 行きますか。

朴君：8月 1日から 4日まで 海雲台へ 行きます。

山田：それは うらやましいですね。

朴君：山田さんは いつからですか。

山田：うちの 会社が いそがしいので 夏休みは ありません。

朴君：それは いけませんね。

山田：でも、その 代わりに 冬休みが ありますよ。

ポイント

1. ~に 比(くら)べて 「~에 비해(서)」

   例 去年に 比べて 暑いですね。(작년에 비해서 덥군요.)

2. ~か 「~인가, ~인지」

   例 どこかへ 行きますか。(어딘가에 갑니까?)

3. ~ので 「~때문에, ~라서」

   例 会社が いそがしいので 夏休みは ありません。

   (회사가 바쁘기 때문에 여름휴가는 없습니다.)

4. ~の 代(か)わりに 「~대신에」

   例 バナナの 代わりに みかんを ください。

   (바나나 대신에 귤을 주십시오.)

♥ 어구해설 ♥

• 今年(ことし) : 금년, 올해	• どこか : 어딘가
• 夏(なつ) : 여름	• 行(い)きます : 갑니다
• 暑(あつ)い : 덥다	• うらやましい : 부럽다
• 去年(きょねん) : 작년	• うち : 우리
• 夏休(なつやす)み : 여름휴가(방학)	• いそがしい : 바쁘다
• いつ : 언제	• それは いけませんね : 그것 참 안됐군요
• 今週(こんしゅう) : 금주, 이번주	• でも : 그렇지만
• 来週(らいしゅう) : 다음주	• 冬休(ふゆやす)み : 겨울휴가(방학)

トーキング

1. 年月日曜日

	年	月	日		曜日
1	いちねん	いちがつ	ついたち	日	にちようび
2	にねん	にがつ	ふつか	月	げつようび
3	さんねん	さんがつ	みっか	火	かようび
4	よねん	しがつ	よっか	水	すいようび
5	ごねん	ごがつ	いつか	木	もくようび
6	ろくねん	ろくがつ	むいか	金	きんようび
7	なな(しち)ねん	しちがつ	なのか	土	どようび
8	はちねん	はちがつ	ようか		
9	きゅうねん	くがつ	ここのか		
10	じゅうねん	じゅうがつ	とおか		
11	じゅういちねん	じゅういちがつ	じゅういちにち		
12	じゅうにねん	じゅうにがつ	じゅうににち		
・	・		・		
14	・		じゅうよっか		
・	・		・		
17	・		じゅうしちにち		
・	・		・		
19	・		じゅうくにち		
20	・		はつか		
・	・		・		
24	・		にじゅうよっか		
・	・		・		
30	・		さんじゅうにち		
・	・		・		
何	なんねん	なんがつ	なんにち	何	なんようび

2. 例 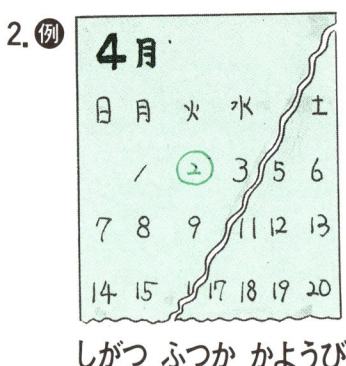　1) 　2)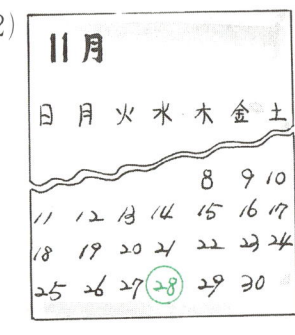

しがつ ふつか かようび

3.

例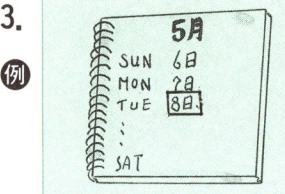

たんじょうびは いつですか。
→ たんじょうびは ごがつ ようかです。

1)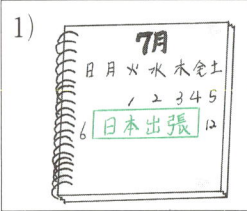

にほんしゅっちょうは いつから いつまでですか。
→

2)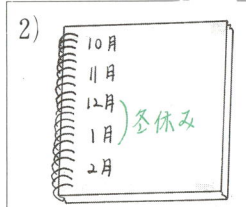

ふゆやすみは なんがつから なんがつまでですか。
→

3)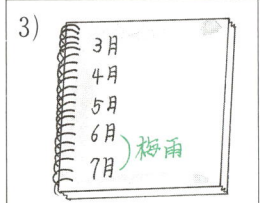

つゆは いつから いつまでですか。
→

4)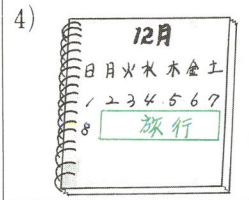

りょこうは なんようびから なんようびまでですか。
→

チェック アップ

1. 正しい ものを 選んで、○を つけなさい。

例 4月 1日
- ⓐ しがつ ついたち
- ⓑ よんがつ ついたち
- ⓒ しかつ ついたち

1) 3月 3日
- ⓐ さんがつ さんにち
- ⓑ さんがつ みっか
- ⓒ さんかつ みか

2) 1月 10日
- ⓐ いちがつ じゅう
- ⓑ いちがつ とお
- ⓒ いちがつ とおか

3) 6月 14日
- ⓐ ろくがつ じゅうよっか
- ⓑ ろっかつ じゅうよか
- ⓒ ろくかつ じゅよっか

4) 7月 20日
- ⓐ しちがつ にじゅうにち
- ⓑ しちがつ にじゅち
- ⓒ しちがつ はつか

2. 例の ように 書きなさい。

例
さんがつ にじゅうくにち → 3月 29日
7月 17日 木曜日 → しちがつ じゅうしちにち もくようび

1) 5月 5日 火曜日 →

2) 4月 24日 月曜日 →

3) 9月 1日 土曜日 →

4) 12月 29日 日曜日 →

5) さんがつ むいか →

6) いちがつ ふつか →

7) はちがつ ようか →

8) じゅういちがつ ここのか →

ヒアリング

1.

テープを 聞いて （　　）の 中に 適当な 言葉を 入れなさい。

◉ 一年には 春、夏、秋、冬が あります。

◉ 春は 3月から 5月までです。

◉ 夏は 6月から 8月までです。

◉ 秋は 9月から 11月までです。

◉ 冬は 12月から 2月までです。

◉ 私は この 中で 寒い 冬が 一番 好きです。

1) 一年には はる、（　　　　）、あき、（　　　　）が あります。

2) 春は （　　　　）から （　　　　）までです。

3) 9月から 11月までは （　　　　）です。

4) この 中で 私が 一番 好きなのは （　　　　）です。

2.

テープを 聞いて 質問に 答えなさい。

金　：山中さん、お誕生日は いつですか。

山中：私の 誕生日ですか。5月 8日です。

金　：あしたですね。

山中：ええ、そうです。金さんの お誕生日は。

金　：わたしの 誕生日は 6月 17日です。

山中：あ、そうですか。

1) 今日は 何月 何日ですか。

2) 金さんの 誕生日は いつですか。

3) 山中さんの 誕生日は いつですか。

3.

テープを 聞いて 質問に 答えて ください。

1) 今日は 何月 何日ですか。

2) 今日は 何曜日ですか。

3) あなたの 誕生日は いつですか。

4) クリスマス イブは いつですか。

5) あなたの 好きな 曜日は 何曜日ですか。

1) _____

2) _____

3) _____

4) _____

5) _____

コーヒーブレーク

日本の 祝日

1月1日:元旦

새로운 해의 시작을
축하하는 날로
신사참배를 함

1月15日:成人の日

20세가 된 것을
축하하는 날로,
여러 단체에서
축하행사를 개최

2月11日:建国記念の日

기원전 660년 제1대
천황 神武가 즉위했다고
전해지는 날로서,
축일로 지정

5月3日:憲法記念日

現 일본헌법의
시행을 기념
(1947년 5월 3일)

4月29日:みどりの日

前代인 昭和천황의 탄
생일로서 현재는 명칭을
바꾸어 축일로서 기념

3月21日:春分の日

자연을 칭송하고
모든 만물에
자비를 베풂

5月5日:こどもの日

어린이의 인격을
존중하고 행복을
기원하는 날

7月20日:海の日

1876년 明治천황의
東北순항을 마치고
49일 만에 귀항한
날을 기념

9月15日:敬老の日

노인을 공경하고
장수를
기원하는 날

11月3日:文化の日

現 일본 헌법을
공포한 날로서 국민의
문화 향상을 취지로
기념일로 제정

10月10日:体育の日

1964년 10월 10일
동경올림픽
개최를 기념

9月23日:秋分の日

조상을 공경하고
그리워
하는 날

11月23日:勤労感謝の日

노동을 존중하고
생산을 축하하며
서로 감사하는 날

12月23日:天皇誕生日

현재의 천황이
태어난
날을 기념

10. どこへ 行きますか。

どこへ **行きますか。**
デパートへ **行きます。**
いっしょに **行きませんか。**
すみません。**先約が** あります。

行きます(行く)

買います(買う)

聞きます(聞く)

吸います(吸う)

書きます(書く)

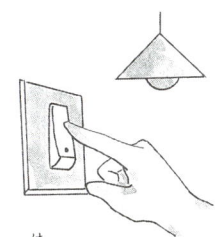

消します(消す)

待ちます(待つ)

飲みます(飲む)

作ります(作る)

ダイアローグ

李　：おはよう。

鈴木：おはよう。いい 天気ですね。

李　：そうですね。どこかへ 行きますか。

鈴木：デパートへ 行きます。

李　：バーゲンでも ありますか。

鈴木：ええ、今日から 土曜日まで バーゲンですよ。

李　：何を 買いますか。

鈴木：クーラーを 買います。

　　　李さんも いっしょに 行きませんか。

李　：すみません。今日は 先約が ありますので…。

鈴木：あ、そうですか。じゃ、また。

李　：さようなら。

ポイント

1.　動詞

1) 종류

5단동사	① 어미가 「る」가 아닌 것 ② 「～あ・う・お단」+る	<ruby>読<rt>よ</rt></ruby>**む** **ある** と**お**る
상1단동사	「～い단」+る	<ruby>見<rt>み</rt></ruby>る <ruby>起<rt>お</rt></ruby>きる
하1단동사	「～え단」+る	<ruby>寝<rt>ね</rt></ruby>る <ruby>食<rt>た</rt></ruby>べる
カ행변격동사	<ruby>来<rt>く</rt></ruby>る	＊하나씩밖에 없음
サ행변격동사	する	

注) 예외 5단동사

帰(かえ)る 돌아가(오)다	走(はし)る 달리다
入(はい)る 들어가다	切(き)る 자르다
限(かぎ)る 제한하다	要(い)る 필요하다
蹴(け)る 차다	参(まい)る 가다, 오다의 겸양어

2) 정중한 표현 「～ます형」:「～합니다, ～하겠습니다」

5단동사	어미 ⟶ い단 ＋ます 読**む** → 読**み** ＋ます → 読みます
상・하1단동사	어미**る** ＋ます 起き **る** ＋ます → 起きます 食べ **る** ＋ます → 食べます
カ행변격동사	来る→ **来**(き) ます
サ행변격동사	する→ し ます

2. 　**～でも**　「～(이)라도, ～(이)든지」

　　例　いつでも いいです。(언제**라도** 좋습니다.)

💚 **어구해설** 💚

- おはよう(ございます) :
  안녕(하세요)…아침인사
- 鈴木(すずき) : 스즈끼
- いい : 좋다
- 天気(てんき) : 날씨
- バーゲン : 바겐세일
- クーラー : 냉방장치

- いっしょに : 함께
- 先約(せんやく) : 선약
- ～ので : ～때문에
- じゃ また(＝では また) :
  그럼 또(봅시다)
- さようなら : 안녕히 가십시오(계십시오)

トーキング

1. 動詞の 種類と 基本形 及び ます形

種類	基本形	～ます	～ません
5段動詞	買(か)う	買います	買いません
	行(い)く	行きます	行きません
	泳(およ)ぐ	泳ぎます	泳ぎません
	話(はな)す	話します	話しません
	待(ま)つ	待ちます	待ちません
	死(し)ぬ	死にます	死にません
	遊(あそ)ぶ	遊びます	遊びません
	読(よ)む	読みます	読みません
	帰(かえ)る	帰ります	帰りません
	⋮	⋮	⋮
上1段動詞	起(お)きる	起き ます	起き ません
	見(み)る	見 ます	見 ません
	⋮	⋮	⋮
下1段動詞	食(た)べる	食べ ます	食べ ません
	寝(ね)る	寝 ます	寝 ません
	⋮	⋮	⋮
カ変動詞	来(く)る	来(き)ます	来ません
サ変動詞	する	します	しません

2.

例

たばこを 吸う

→ たばこを **吸いますか。**
いいえ、たばこは **吸いません。**

1)

クラシックを 聞く

2)

手紙を 書く

3)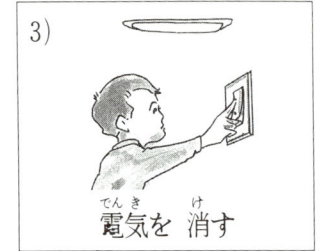

電気を 消す

4)

友達を 待つ

5)

コーヒーを 飲む

6)

パンを 作る

7)

テレビを 見る

8)

朝ご飯を 食べる

9)

予習を する

チェック アップ

1. 正しい ものに ○を つけなさい。

例
てがみを
- ⓐ します。
- **ⓑ かきます。**
- ⓒ いきます。

1) コーヒーを
- ⓐ やみます。
- ⓑ よみます。
- ⓒ のみます。

2) ハンバーガーを
- ⓐ たべます。
- ⓑ のみます。
- ⓒ ねます。

3) しんぶんを
- ⓐ ききます。
- ⓑ やすみます。
- ⓒ よみます。

4) ともだちを
- ⓐ まちます。
- ⓑ すいます。
- ⓒ いきます。

2. 表を 完成しなさい。

基本形	〜ます	〜ません
	起きます	
食べる		
		行きません
	読みます	
	寝ます	
	来ます	
する		
		遊びません
	死にます	
帰る		

ヒアリング

1.

> つぎは 田中さんの 一日です。よく 聞いて、(　　　)の 中に 正しい 言葉を 書き入れなさい。
>
> ⊙ 田中さんは 大学生です。
> ⊙ 田中さんは 毎朝 5時半に おきます。
> ⊙ それから パンを 食べます。ミルクも のみます。
> ⊙ 6時まで 新聞を 読みます。
> ⊙ 8時半ごろ 学校へ 行きます。
> ⊙ 午後 6時から 8時までは アルバイトを します。
> ⊙ 10時ごろ うちへ かえります。
> ⊙ 毎晩 約 1時間ぐらい テレビを 見ます。
> ⊙ たいてい 12時に 寝ます。

例 田中さんは 毎朝 5時半に (起きます)。

1) 田中さんは 朝 (　　　　　)を 飲みます。

2) 6時まで 新聞を (　　　　　)。

3) (　　　　　)ごろ 学校へ 行きます。

4) 午後 6時から 8時まで アルバイトを (　　　　　)。

5) 10時ごろ うちへ (　　　　　)。

6) 田中さんは たいてい (　　　　　)に 寝ます。

コーヒーブレーク

私の 一日

* 自分の 一日を 相手に 話して みましょう。

11. 英語が 分りますか。

英語が 分りますか。
はい、英語が 分ります。

英語が 分る

運転が 出来る

歌が 上手だ

字が 下手だ

水が ほしい

スキーが 得意だ

数学が 苦手だ

金さんが 好きだ

虫が 嫌いだ

ダイアローグ

課長：だれか　この　翻訳が　出来る　人　いませんか。

係長：ええと、これは　英文の　資料ですね。

課長：そうです。時間が　あまり　ないから　英語の　上手な　人が　ほしいですが…。

係長：英語なら　田村が　上手ですが、ただいま　外出中ですから…。
　　　吉田に　頼みます。

課長：えっ、吉田も　英語が　わかりますか。

係長：はい、田村ほどでは　ありませんが、なかなか　上手ですよ。

課長：それじゃ　おねがいします。

係長：はい、かしこまりました。

ポイント

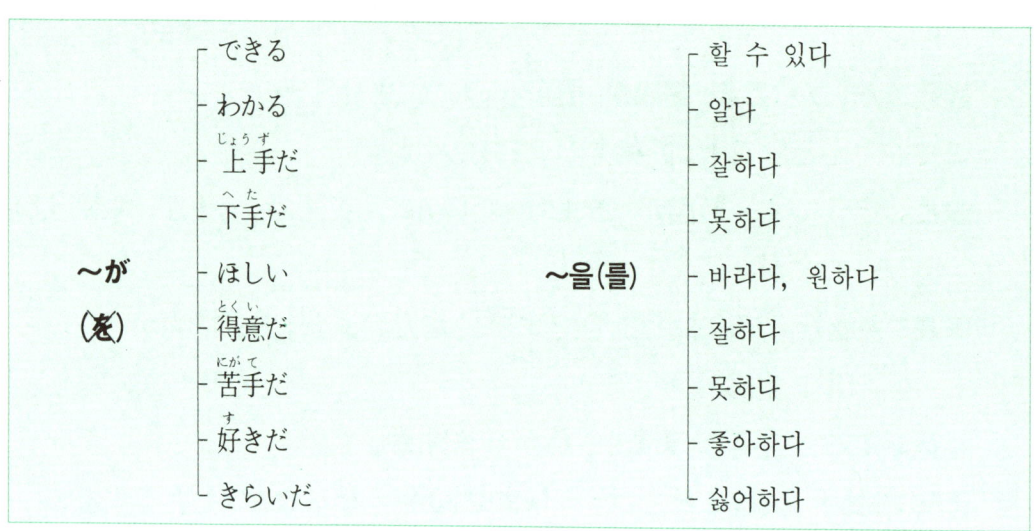

~が (を)		~を(를)	
	できる		할 수 있다
	わかる		알다
	上手だ		잘하다
	下手だ		못하다
	ほしい		바라다, 원하다
	得意だ		잘하다
	苦手だ		못하다
	好きだ		좋아하다
	きらいだ		싫어하다

2. **~から** 「~이니까, ~때문에」

例 寒いから 窓を 閉めて ください。（추우**니까** 창문을 닫아 주십시오.）

3. **~なら** 「~라면」

例 君が 行くなら ぼくも 行く。（네가 간**다면** 나도 간다.）

4. **~ほど** 「~만큼, ~정도」

例 汽車は 飛行機ほど 速く ありません。（기차는 비행기**만큼** 빠르지 않습니다.）

♥ 어구해설 ♥

- 課長(かちょう) : 과장
- 係長(かかりちょう) : 계장
- 翻訳(ほんやく) : 번역
- 英文(えいぶん) : 영문
- 資料(しりょう) : 자료
- 時間(じかん) : 시간
- ない : 없다
- 田村(たむら) : 타무라

- 英語(えいご) : 영어
- ただいま : 지금, 현재
- 吉田(よしだ) : 요시다
- 頼(たの)む : 부탁하다
- なかなか : 상당히, 꽤
- それじゃ : 그러면(＝それでは)
- おねがいします : 부탁합니다
- かしこまりました : 알겠습니다

トーキング

1.

例

(お)すし

食べものは 何が 好きですか。
→ おすしが すきです。

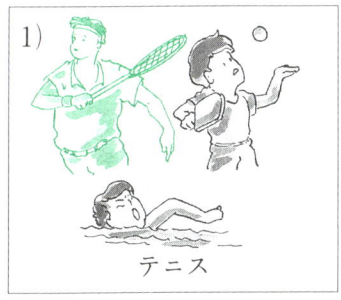

1) テニス

スポーツは 何が 上手ですか。
→

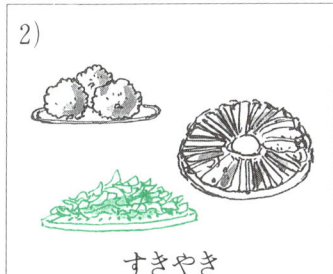

2) すきやき

料理は 何が 得意ですか。
→

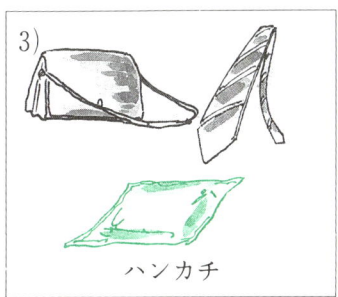

3) ハンカチ

プレゼントは 何が ほしいですか。
→

2.

例
日本語

→ わたしは **日本語**が 　わかります。
　できます。
　上手です。

1)
フランス語

2)
ワープロ

3)
コンピューター

4)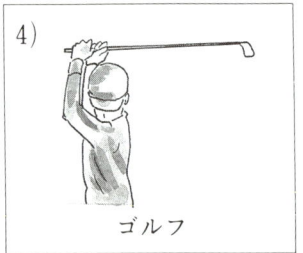
ゴルフ

5)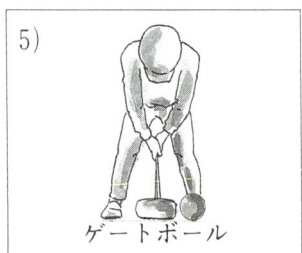
ゲートボール

6)
日本の歌

チェック アップ

1. 「が」または「を」を 入れなさい。

1) わたしは 日本語（　　　）下手です。

2) 金さんは 運転（　　　）できます。

3) デパートで クーラー（　　　）買います。

4) 私は 日本語の 辞書（　　　）ほしいです。

5) 私は 犬（　　　）きらいです。

2.

例

さしみが 好きですか。

→ はい、好きです。

いいえ、好きでは ありません。

1) 歌が 上手ですか。

→

2) スキーが とくいですか。

→

3) つめたい コーラが ほしいですか。

→

4) 英語が できますか。

→

ヒアリング

1.

テープを 聞いて （　　）の 中に 適当な 言葉を 入れなさい。

山本：あしたから　日本出張です。何か ほしい ものが ありますか。

金　：歌の テープが いいですね。

山本：えっ、歌の テープ？ 金さん、日本語が わかりますか。

金　：ええ、まだ 上手では ありませんが、すこしは できます。

山本：はい、わかりました。

1) いつから 出張ですか。→

2) 金さんの ほしい ものは 何ですか。→

3) 金さんは 日本語が 上手ですか。→

2.

テープを 聞いて （　　）の 中に 適当な 言葉を 入れなさい。

金　：三浦さんは スポーツの 中で 何が いちばん 好きですか。

三浦：野球が いちばん すきです。金さんは。

金　：わたしは サッカーが いちばん すきです。

三浦：では、きらいなのは ありませんか。

金　：はい、ありません。三浦さんは。

三浦：わたしは ボックシングが きらいです。

1) 三浦さんが いちばん 好きな スポーツは なんですか。

　　→

2) サッカーが いちばん 好きな 人は だれですか。

　　→

3) 三浦さんは 何の スポーツが きらいですか。

　　→

コーヒーブレーク

体の名称

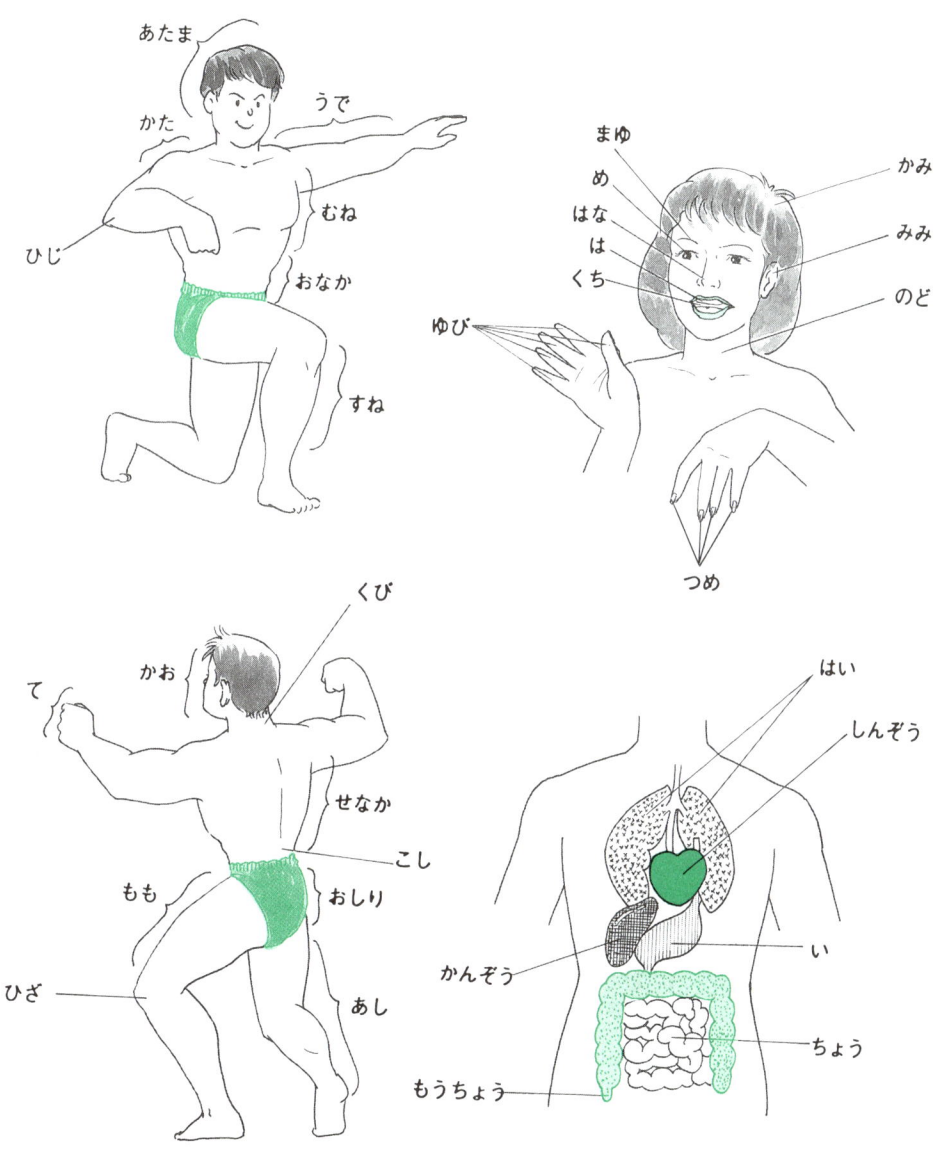

12. 友だちと 雪嶽山へ 行きました。

どこかへ 旅行も しましたか。

はい、友だちと 雪嶽山へ 行きました。

山田さんも いっしょに 行きましたか。

いいえ、山田さんは 行きませんでした。

行きました

来ました

慣れました

旅行しました

見ました

聞きました

食べました

読みました

歌いました

ダイアローグ

金　：横山さん、韓国は はじめてですか。

横山：ええ、はじめてです。

金　：いつ 来ましたか。

横山：今年の 3月です。

金　：そうですか。

　　　韓国の 生活には もう 慣れましたか。

横山：ええ、半年ですから 少しは 慣れました。

金　：そうですか。どこかへ 旅行も しましたか。

横山：はい、あちこち 旅行しました。

　　　先月は 友だちと 雪嶽山へ 行きました。

金　：頂上まで 登りましたか。

横山：いいえ、登りませんでした。

金　：その 時 山田さんも いっしょに 行きましたか。

横山：いいえ、山田さんは 行きませんでした。

金　：いつ 国へ 帰りますか。

横山：来年の 二月に 帰ります。

ポイント

1. 動詞 ます形의 과거·과거부정

동사＋ます	「~ㅂ니다, ~겠습니다」
ました	「~ㅆ습니다」
ませんでした	「~지 않았습니다」

例 行く ⟶ 行きます(갑니다) 行きました(갔습니다)

行きませんでした(가지 않았습니다)

見る ⟶ 見ます(봅니다) 見ました(보았습니다)

見ませんでした(보지 않았습니다)

食べる ⟶ 食べます(먹습니다) 食べました(먹었습니다)

食べませんでした(먹지 않았습니다)

する ⟶ します(합니다) しました(했습니다)

しませんでした(하지 않았습니다)

くる ⟶ きます(옵니다) きました(왔습니다)

きませんでした(오지 않았습니다)

2. 시제

一昨日(그저께)	昨日(어제)	今日(오늘)	明日(내일)	明後日(모레)
先先週(지지난주)	先週(지난주)	今週(금주)	来週(다음주)	再来週(다다음주)
先先月(지지난달)	先月(지난달)	今月(금월)	来月(다음달)	再来月(다다음달)
一昨年(재작년)	去年(작년)	今年(금년)	来年(내년)	再来年(내후년)

♥ 어구해설 ♥

- はじめてです : 처음입니다
- そうですか : 그렇습니까?
- 生活(せいかつ) : 생활
- もう : 이제
- 半年(はんとし) : 반년
- 少(すこ)し : 조금
- 旅行(りょこう) : 여행
- あっちこっち : 여기저기
- ～へ[e] : ～에(로)
- 頂上(ちょうじょう) : 정상
- 登(のぼ)る : 오르다
- 国(くに) : 고국, 나라

● 토오쿄오 타워

　토오쿄오 타워는 텔레비전 전파의 수신·송신을 목적으로 하여 세워진 것으로서 높이가 333미터이다. 시바공원 안에 있으며 토오쿄오의 어디에서도 볼 수 있다. 이 탑으로부터의 전망은 굉장하여 토오쿄오 구경에 빠뜨리지 못하는 것으로 되어 있다. 탑의 4개의 다리 사이에 쑥 5층짜리 빌딩이 들어가 있다. 이 빌딩의 4층 이하는 전부 유기장과 선물가게로 되어 있다. 1층에서 엘리베이터를 타면 1분 동안에 높이 150미터의 대전망대까지 날라다준다. 거기서 다시 250미터의 특별전망대까지 올라갈 수가 있다. 이 전망대는 아래에서 쳐다보면 도중에 반지가 끼여 있는 듯이 보인다. 여기서 엘리베이터를 나오면 눈앞에 푸른 바다가 펼쳐져 있다. 이것이 토오쿄오만이다. 점점이 떠있는 배가 장난감처럼 작게 보인다. 토오쿄오만의 건너편인 치바현까지 볼 수가 있다. 반대쪽에 신쥬쿠의 50층짜리 빌딩도 보이며 또 星居의 광대한 숲도 눈아래 보인다.

トーキング

1.

例
ねる

→ ねる－ねます－ねました－ねませんでした

1)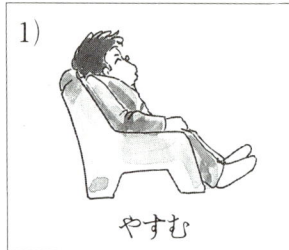
やすむ

2)
かく

3)
あそぶ

4)
べんきょうする

5)
いく

6)
のむ

2.

例

野球を 見る

野球を 見ましたか。
→ いいえ、見ませんでした。

1)

ラジオを 聞く

ラジオを ＿＿＿＿＿＿＿＿
→

2)

朝ご飯を 食べる

朝ご飯を ＿＿＿＿＿＿＿
→

3)

新聞を 読む

新聞を ＿＿＿＿＿＿＿＿
→

4.

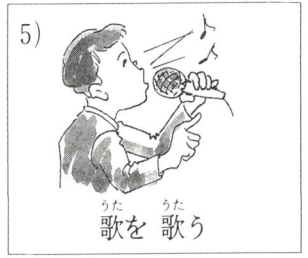

買物を する

買物を ＿＿＿＿＿＿＿＿
→

5)

歌を 歌う

歌を ＿＿＿＿＿＿＿＿＿
→

チェック アップ

1. わくうめ

ある	あります	ありました	ありませんでした
行く	行きます		
読む		読みました	
休む			休みませんでした
遊ぶ	遊びます		
見る		見ました	
食べる			食べませんでした
寝る	寝ます		
慣れる		慣れました	
する			しませんでした
来る	来ます		

2. 例の ように 文を 完成しなさい。

例　　先週、日本、行く → 先週 日本へ 行きました。

1) 昨日、テニス、する →

2) 来月、韓国、帰る →

3) おととい、映画、見る →

4) あした、電話、かける →

5) 去年、洋服、買う →

ヒアリング

1.

> テープを 聞いて 正しい ものに ○を つけなさい。
>
> 金　：山田さん、おはようございます。
>
> 山田：あ、金さん、ゆうべ 電話しましたが、いませんでしたね。
>
> 金　：ええ、田中さんと いざかやへ いきました。
>
> 山田：いざかや？ 何を 飲みましたか。
>
> 金　：ビールを いっぱい 飲みました。

1) 山田さんは
   - ⓐ おととい
   - ⓑ あした
   - ⓒ ゆうべ

   電話しました。

2) 金さんは
   - ⓐ 山田さん
   - ⓑ 田中さん
   - ⓒ 朴さん

   と いざかやへ いきました。

2.

> つぎの 会話を 聞いて 金さんの やった ことを 順番に 番号を 書きなさい。
>
> 金　：先週 ひさしぶりに 会社の 前で 山田に 会いました。
>
> 田中：そうですか。元気でしたか。
>
> 金　：ええ、元気でした。
>
> 田中：何か 話を しましたか。
>
> 金　：ええ、ビールを のみながら いろいろな 話を しました。
>
> 　　　それから 近くの 食堂に 行って ラーメンを 食べました。
>
> 　　　その あと コーヒーショップで コーヒーを のみました。

田中：それから すぐ 家へ かえりましたか。

金　：いいえ、その あと カラオケへ いって 歌を 歌いました。

　　　それから 夜おそく タクシーで 家に かえりました。

（　　　）

（　　　）

（　　　）

（　　　）

（　　　）

（　　　）

コーヒーブレーク

家族

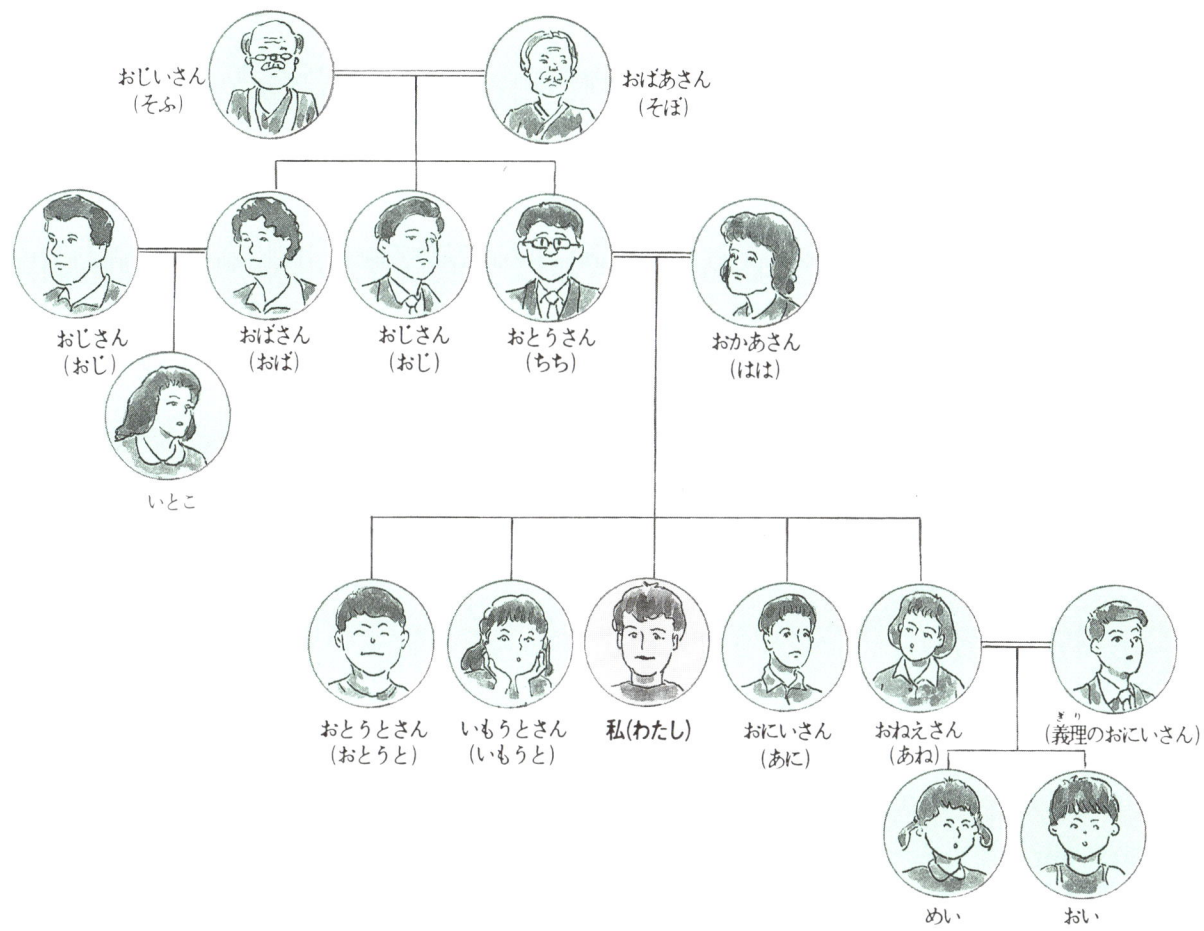

※ (　　　)の 中は 他人の 前で 自分の 家族を 話す 時の 言葉

13. 旅行は どうでしたか。

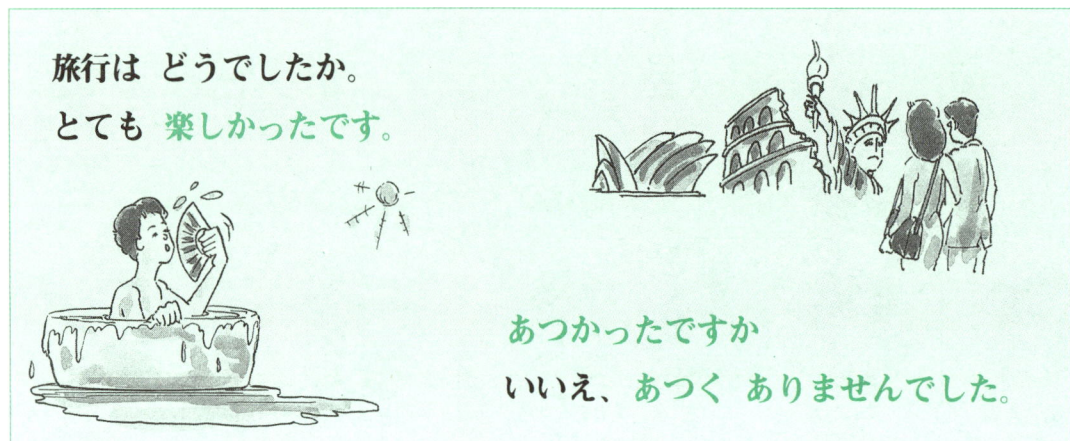

旅行は どうでしたか。
とても 楽しかったです。

あつかったですか
いいえ、あつく ありませんでした。

楽しかったです

暑かったです

暑くありませんでした

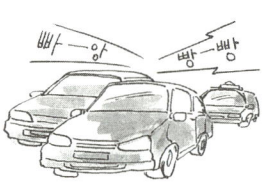
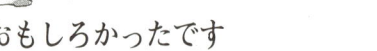

おもしろかったです

やかましかったです

親切でした

親切ではありませんでした

元気でした

元気じゃありませんでした

ダイアローグ

金　：今年、韓国は　とても　あつかったですが、日本は　どうでしたか。

山田：日本も　たいへん　あつかったです。

　　　雨も　ぜんぜん　降りませんでした。

金　：そうですか。それで　どちらかへ　行きましたか。

山田：ええ、休みの　時　ニュージーランドへ　行きました。

金　：楽しかったですか。

山田：ええ、とても　楽しかったです。

　　　食べ物も　おいしかったし、人びとも　みんな　親切でした。

金　：天気は　どうでしたか。

山田：あの　国は　ぜんぜん　あつく　ありませんでした。

金　：それは　よかったですね。

ポイント

1. 形容詞의 과거·과거부정

1) 과거 ① ~~~い~~ 「~다」
~~かった 「~ㅆ다」

  例 あつい (덥다)
  あつかった (더웠다)

② ~い
~~~い~~です 「~ㅂ니다」
~かったです 「~ㅆ습니다」

  例 あつい (덥다)
  あついです (덥습니다)
  あつかったです (더웠습니다)

2) 과거부정 ~い
~く ありません(ないです) 「~지 않습니다」
~く ありませんでした(なかったです) 「~지 않았습니다」

  例 あつい
  あつく ありません(ないです) (덥지 않습니다)
  あつく ありませんでした(なかったです) (덥지 않았습니다)

※ **주의** : いい(좋다) → いいです(좋습니다)
  よく ありません(좋지 않습니다)
  よかったです(좋았습니다)
  よく ありませんでした(좋지 않았습니다)

2. 形容動詞의 과거·과거부정

1) 과거 ①　　〜だ　　　　　「〜다」
　　　　　　　〜だった　　　　「〜ㅆ다」

　　　　例　親切だ（친절하다）
　　　　　　親切だった（친절했다）

　　　　　②　〜だ
　　　　　　　〜です　　　　　「〜ㅂ니다」
　　　　　　　〜でした　　　　「〜ㅆ습니다」

　　　　例　親切だ（친절하다）
　　　　　　親切です（친절합니다）
　　　　　　親切でした（친절했습니다）

2) 과거부정　　〜だ
　　　　　　　〜では ありません（ないです）　　　　　　「〜지 않습니다」
　　　　　　　〜では ありませんでした（なかったです）　「〜지 않았습니다」

　例　親切だ
　　　親切では ありません（ないです）（친절하지 않습니다）
　　　親切では ありませんでした（なかったです）（친절하지 않았습니다）

💚 **어구해설** 💚

• とても：매우	• 楽(たの)しい：즐겁다
• どうでしたか：어떠했습니까?	• 食(た)べ物(もの)：음식
• たいへん：매우	• おいしい：맛있다
• 雨(あめ)：비	• 〜し：〜고, 〜며
• ぜんぜん：전혀	• 人(ひと)びと：사람들
• 降(ふ)る：(비·눈 따위가) 내리다	• みんな：모두
• それで：그래서	• 天気(てんき)：날씨
• ニュージーランド：뉴질랜드	• よかったですね：잘됐군요, 다행이네요

トーキング

1.
例

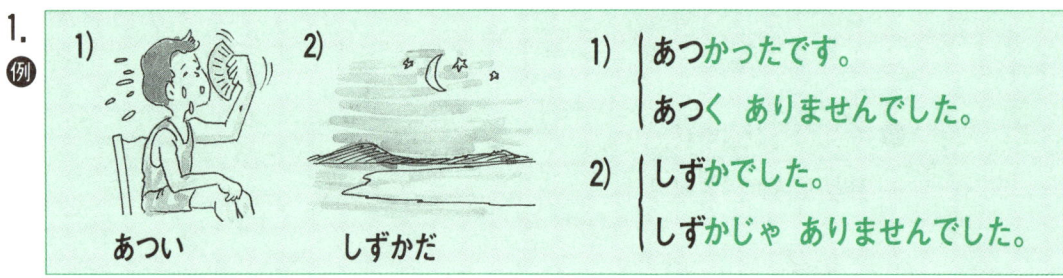

1) あつかったです。
  あつく ありませんでした。

2) しずかでした。
  しずかじゃ ありませんでした。

あつい　　しずかだ

1) さむい

2) おもしろい

3) やかましい

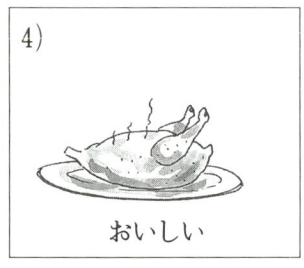

4) おいしい

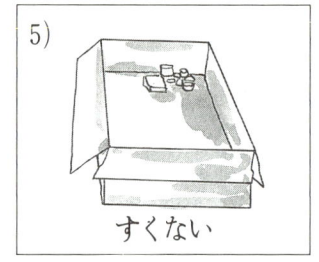

5) すくない

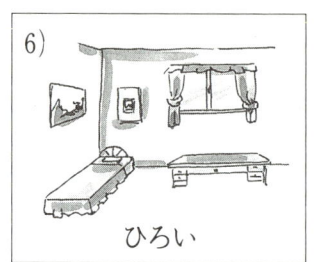

6) ひろい

7) にぎやかだ

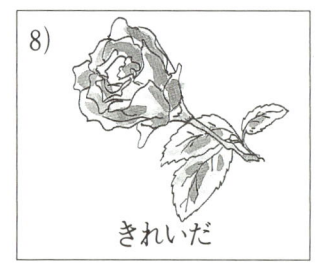

8) きれいだ

9) ゆうめいだ

10) げんきだ

11) じょうずだ

12) しんせんだ

チェック アップ

1. 絵を 見て 例の ように 書きなさい。

例　すずしい

→ ニュージーランドは すずしかったですが、
　日本は すずしく なかったです。

1)　カレー　なっとう
　おいしい

→

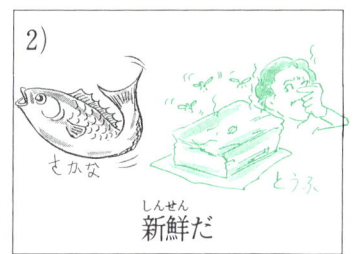

2)　さかな　とうふ
　新鮮だ
　しんせん

→

3)　せびろ　くつ
　あたらしい

→

4)　こうえん　えき
　しずかだ

→

2. 絵を 見て 質問に 答えなさい。

1) ハワイの 天気は どうでしたか。→

2) 食べ物の ねだんは 高かったですか。→

3) 食べ物は おいしかったですか。→

4) トイレは きれいでしたか。→

5) 山田さんは 水泳が 上手でしたか。→

ヒアリング

1.

テープを 聞いて、問題の 形容詞と 形容動詞の 過去形を 書きなさい。

例 やすいです

1) にぎやかです　　　2) せまいです

3) しんせつです　　　4) むずかしいです

5) ゆうめいです　　　6) しんせんです

例 <u>やすかったです</u>

1) _____　　2) _____

3) _____　　4) _____

5) _____　　6) _____

2.

テープを 聞いて 正しい ものに 〇を つけなさい。

田中：金さん、こんどの テストは どうでしたか。

金　：あ、とても むずかしかったですよ。

田中：そうでしたか。あまり べんきょうしませんでしたか。

金　：ええ、時間が ありませんでしたから あまり できませんでした。

　　　田中さんは？

田中：私は まあまあでした。

1) 金さんの こんどの テストは
ⓐ あまり むずかしく ありませんでした。
ⓑ とても むずかしかったです。
ⓒ とても やさしかったです。

2) 田中さんは どうでしたか。
ⓐ よく できませんでした。
ⓑ よかったです。
ⓒ まあまあでした。

コーヒーブレーク

会社の 職位 名称

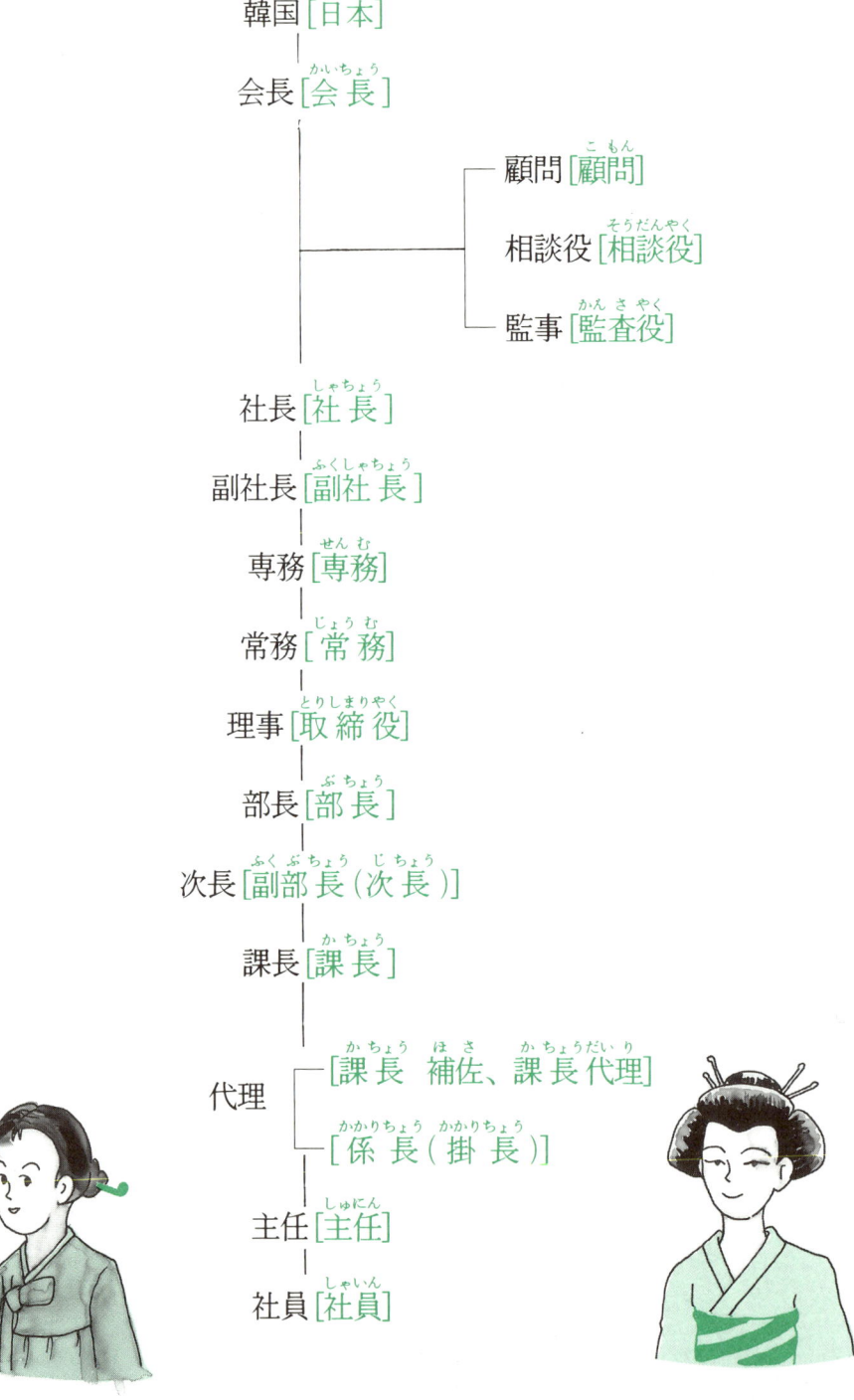

韓国[日本]
│
会長[会長]
│
├─ 顧問[顧問]
├─ 相談役[相談役]
└─ 監事[監査役]

社長[社長]
│
副社長[副社長]
│
専務[専務]
│
常務[常務]
│
理事[取締役]
│
部長[部長]
│
次長[副部長(次長)]
│
課長[課長]
│
代理 ─┬─[課長補佐、課長代理]
      └─[係長(掛長)]

主任[主任]
│
社員[社員]

14. 何人ですか。

なんにん

試験を 受ける 人は 何人ですか。
しけん う

みんなで 八人です。
はちにん

女の人も いますか。
おんな ひと

はい、二人 います。
ふたり

ひとり

ふたり

さんにん

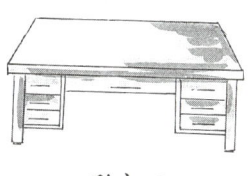

ひとつ

みっつ

とお

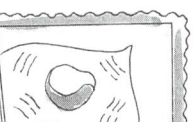

いちまい

ごまい

ななまい

ダイアローグ

課長：明日 面接試験が ありますね。

係長：はい、そうです。

課長：試験を 受ける 人は みんなで 何人ですか。

係長：八人です。

課長：女の人も いますか。

係長：はい、二人 います。

課長：机と いすの 用意は できましたか。

係長：はい、やっつずつ 用意しました。

課長：受験番号表は。

係長：はい、ここに ちゃんと 8枚 あります。

課長：そうですか、ご苦労さまでした。

ポイント

♥ 어구해설 ♥

- 明日(あした, あす) : 내일
- 面接試験(めんせつしけん) : 면접시험
- 受(う)ける : (시험)치르다, 받다
- 女(おんな)の人(ひと) : 여자
- 男(おとこ)の人(ひと) : 남자
- 用意(ようい) : 준비
- できる : (다)되다

- ～ずつ : ～씩
- 受験番号表(じゅけんばんごうひょう) :
  수험번호표
- ちゃんと : 정확히, 분명히
- ご苦労(くろう)さま(でした) :
  수고했습니다

トーキング

1. 数詞

	～명	～개	～장
1	ひとり	ひとつ	いちまい
2	ふたり	ふたつ	にまい
3	さんにん	みっつ	さんまい
4	よにん	よっつ	よんまい
5	ごにん	いつつ	ごまい
6	ろくにん	むっつ	ろくまい
7	しちにん	ななつ	ななまい
8	はちにん	やっつ	はちまい
9	きゅうにん	ここのつ	きゅうまい
10	じゅうにん	とお	じゅうまい
11	じゅういちにん	じゅういち	じゅういちまい
⋮	⋮	⋮	⋮
何	なんにん	いくつ	なんまい

2.

例

さら・上・りんご

→ 皿の 上に りんごが みっつ あります。

1)

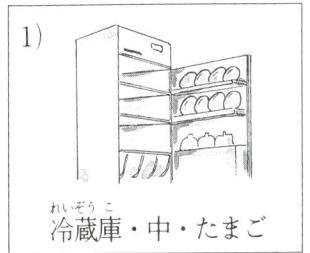

冷蔵庫・中・たまご

2)

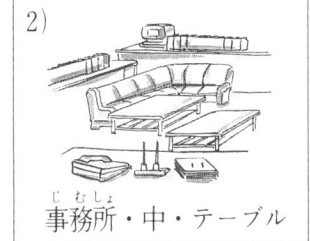

事務所・中・テーブル

3)

池・側・子供

4)

コーヒーショップ・
前・女の人

5)

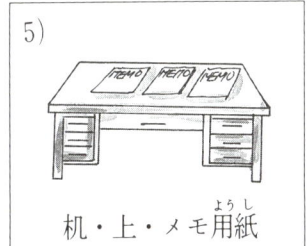

机・上・メモ用紙

6)

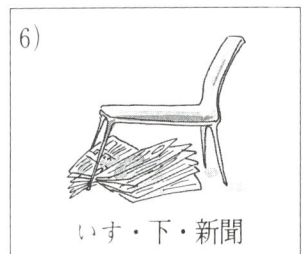

いす・下・新聞

チェック アップ

1. 正しい ものを 選んで、〇を つけなさい。

例

ⓐ みっつ

ⓑ みっ

ⓒ みつつ

1)

ⓐ よにん

ⓑ よんにん

ⓒ ようにん

2)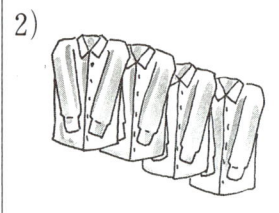

ⓐ よまい

ⓑ しまい

ⓒ よんまい

3)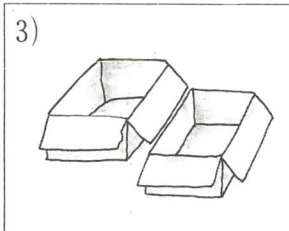

ⓐ ふうたつ

ⓑ ふたつ

ⓒ ふたっつ

4)

ⓐ なんまい

ⓑ しちまい

ⓒ しつまい

2. 絵を 見て 文を 完成しなさい。

例 女の社員は ひとり います。

1) いすは ＿＿＿＿＿＿＿＿。

2) 男の社員は ＿＿＿＿＿＿＿。

3) 林<ruby>はやし</ruby>さんの ＿＿＿＿＿ の 上に 紙が ＿＿＿＿＿＿＿。

4) 時計は ＿＿＿＿＿＿＿。

5) 山本さんの 机の 上に みかんが ＿＿＿＿＿ あります。

ヒアリング

1.

> テープを 聞いて 正しい ものに 〇を つけなさい。
> ◉ テーブルの 上に りんごが たくさん あります。
> ◉ あかい りんごも、あおい りんごも あります。
> ◉ あかいのは やっつ、あおいのは ここのつ あります。
> ◉ テーブルの そばには 子供が 一人 います。
> ◉ 女の子です。
> ◉ その となりに 男の人が 三人 います。

1) あかい りんごは
　ⓐ やっつ
　ⓑ よっつ　あります。
　ⓒ むっつ

2) あおい りんごは
　ⓐ ななつ
　ⓑ ここのつ　あります。
　ⓒ みっつ

3) 女の子は
　ⓐ ひとり
　ⓑ ふたり　います。
　ⓒ さんにん

2.

> テープを 聞いて （　　）の 中に 適当な 言葉を 入れなさい。
> ◉ ここは くだものやです。
> ◉ りんごは みっつで 1,200円です。
> ◉ なしは ひとつ 1,000円です。
> ◉ みかんは いつつで 1,000円です。

1) りんごは ひとつ （　　　　）円です。　2) なしは みっつで （　　　　）円です。

3) みかんは ひとつ （　　　　）円です。

コーヒーブレーク

韓・日 部処 비교표

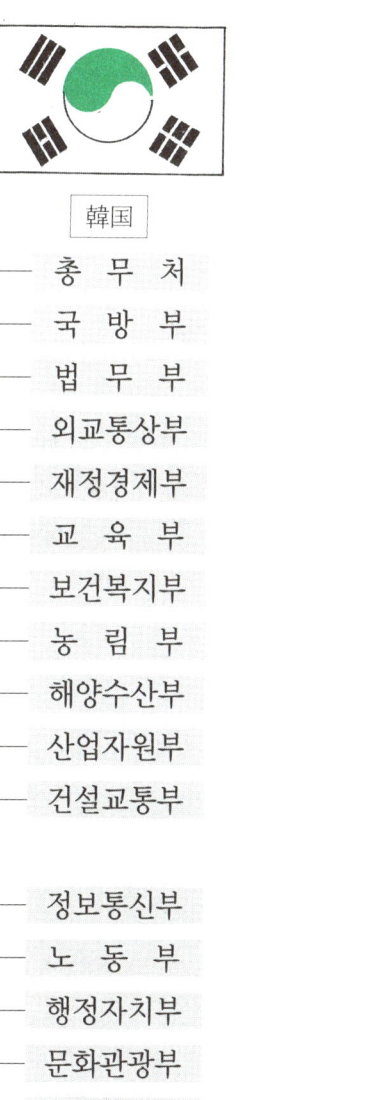

韓国	日本
총 무 처	総理府 (そう り ふ)
국 방 부	防衛庁 (ぼう えい ちょう)
법 무 부	法務省 (ほう む しょう)
외교통상부	外務省 (がい む しょう)
재정경제부	大蔵省 (おお くら しょう)
교 육 부	文部省 (もん ぶ しょう)
보건복지부	厚生省 (こう せい しょう)
농 림 부	農林水産省 (のう りん すい さん しょう)
해양수산부	
산업자원부	通商産業省 (つう しょう さん ぎょう しょう)
건설교통부	運輸省 (うん ゆ しょう)
	建設省 (けん せつ しょう)
정보통신부	郵政省 (ゆう せい しょう)
노 동 부	労働省 (ろう どう しょう)
행정자치부	自治省 (じ ち しょう)
문화관광부	文化庁 (ぶん か ちょう)
과학기술부	科学技術庁 (か がく ぎ じゅっ ちょう)
환 경 부	環境庁 (かん きょう ちょう)
통 일 부	

15. 映画を 見に 行きます。

何を しに 行きますか。
映画を 見に 行きます。
いつに しましょうか。
明日に しましょう。

映画を 見に 行く

コーヒーを 飲みに 行く

遊びに 行く

本を 借りに 行く

買物に 行く

研修に 行く

出張に 行く

散歩に 行く

旅行に 行く

ダイアローグ

金　　：皆さん！ 山田さんの 送別会は いつに しましょうか。

田中：そうですね！私は 今週の 水曜日は 映画を 見に 行きますが…。

李　　：私は 木曜日に 友だちに あう つもりです。

横山：私は 金曜日に 朴さんと かいものに 行きますが…。

金　　：では、今週の 水・木・金曜日は みんな だめですね。

　　　　それじゃ、来週の 月曜日は どうでしょうか。

皆　　：はい、いいです。

金　　：じゃ、場所は どこに しましょうか。

　　　　私の 考えでは 月尾島が いいと 思いますが、いかがでしょうか。

皆　　：いいですよ。

金　　：それじゃ、皆さん！

　　　　ぜひ 参席しましょうね。

皆　　：はい、わかりました。

ポイント

1. ~~~に 行く(来る)~~ 「~하러 가다(오다)」

   1) **동작성 명사＋に**

   例 食事に 行く。(식사**하러** 가다.)
      買い物に 行きます。(쇼핑**하러** 갑니다.)
      散歩に 行きます。(산책**하러** 갑니다.)

   2) **동사 ~ます** 「~ㅂ니다」
      ~に(行く(来る) 「~하러 가다(오다)」

   例 ┌見る(보다)
      │見ます(봅니다)
      └見に 行きます(보러 갑니다)
      ┌呼ぶ(부르다)
      │呼びます(부릅니다)
      └呼びに 来ました(부르러 왔습니다)

2. ~~체언＋に する~~ 「~로 (정)하다」

   例 場所は どこに しますか。(장소는 어디로 **합니까**?)

3. ~~체언＋に 会う~~ 「~을/를 만나다」

   例 友だちに 会う。(친구를 만나다.)

4.

> **~ます**
> **~ましょう(か)**　　「~ㅂ시다(~할까요)」

例 いつに しましょうか。(언제로 **할까요?**)

あしたに しましょう。(내일로 **합시다.**)

5. **~つもり**　「~(할) 작정·예정·생각」

例 明日 行く **つもり**です。(내일 갈 **생각**입니다.)

♥ 어구해설 ♥

- 皆(みな)さん：여러분
- 送別会(そうべつかい)：송별회
- だめです：안됩니다
- 場所(ばしょ)：장소
- 考(かんが)え：생각

- ~と 思(おも)います：~라고 생각합니다
- 映画(えいが)：영화
- いかがでしょうか：어떨까요?
- ぜひ：꼭
- 参席(さんせき)：참석

トーキング

1.

例

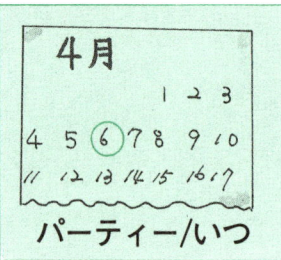

パーティーは いつに しましょうか。
→ 4月6日に しましょう。

1)

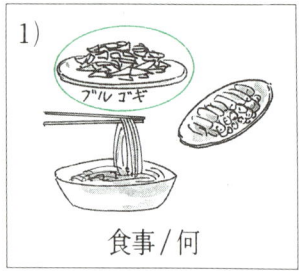

食事は _____

→ _____

2)

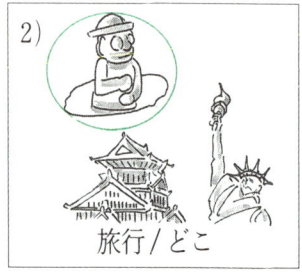

旅行は _____

→ _____

3)

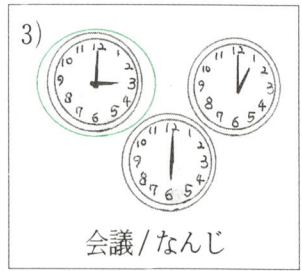

<ruby>会議<rt>かいぎ</rt></ruby>は _____

→ _____

4)

<ruby>司会者<rt>しかいしゃ</rt></ruby>は _____

→ _____

2.

日本 / 研修

→ 日本へ 研修に 行きます。

1) アメリカ / 出張

2) 公園 / 散歩

3) デパート / 買い物

4) ハワイ / 旅行

3.

喫茶店 / コーヒーを飲む

→ 喫茶店へ コーヒーを 飲みに 行きましょう。

1) 映画館 / 映画を 見る

2) 図書館 / 本を 借りる

3) いざかや / お酒を 飲む

4) 友だちの 家 / 遊ぶ

チェック アップ

1. ( )の 中に 正しい 助詞を 書き入れなさい。

金さんは 友だち①( ) 会い②( ) ソウル駅へ 行きました。

二人は デパートへ 買い物③( ) 行きました。

その後 食事④( ) しました。

食事は 焼肉⑤( ) しました。

とても おいしかったです。

2. 例の ように 書きなさい。

例 明洞で 洋服を 買う。→明洞に 洋服を 買いに 行きました。

1) 野球 場で プロ野球を 見る。 →

2) 喫茶店で 鈴木さんに 会う。 →

3) 食堂で ご飯を 食べる。 →

4) イタリアで デザインを 習う。 →

5) 空港で 友だちを 見送る。 →

ヒアリング

1.

テープを 聞いて 正しい ものに 〇を つけなさい。

山田：あ、のどが かわきましたね。

吉田：あそこへ 何か のみに 入りましょうか。

山田：そうしましょう。

店員：いらっしゃいませ。

＊＊＊＊音楽が 流れる＊＊＊＊

山田：何に しましょうか。

吉田：私は アイスコーヒーに しますが、山田さんは。

山田：私も それに します。

吉田：すみません。

アイスコーヒー 二つ お願いします。

店員：はい、かしこまりました。

1) 二人は
   ⓐ 喫茶店
   ⓑ 本屋
   ⓒ 食堂
   へ 入りました。

2) 二人は
   ⓐ 飲み物を のみ
   ⓑ 食べ物を 食べ
   ⓒ 歌を 歌い
   に 入りました。

3) 二人は
   ⓐ コーラを 二つ
   ⓑ アイスコーヒーを 二つ
   ⓒ ジュースを 一つ
   注文しました。

2.

Y.B.Sの 金記者が 金浦空港で インタビューを しました。
よく 聞いて 次の 質問に 答えて 下さい。

金　：すみません。Y.B.Sの 金ですが、お名前は 何ですか。

朴　：朴明洙です。

金　：朴さんは いま どちらへ 行きますか。

朴　：私は アメリカへ 勉強 しに 行きます。

金　：あーそうですか。どうも ありがとうございました。

*　　*　　*

金　：あのう、失礼ですが。あなたは どちらから 来ましたか。

吉田：あ、私ですか。日本から きました。吉田と 申します。

金　：韓国には 旅行に 来ましたか。

吉田：いいえ、仕事で 出張に 来ました。

金　：そうですか。どうも…では もう 一人の方に 聞いて みます。失礼
　　　ですが、お名前は？

李　：李哲洙と 申しますが…。

金　：どこへ 行きますか。

李　：いいえ、いいえ、私は どこへも 行きません。
　　　友だちを 見送りに きました。

金　：あ、そうですか。どうも すいませんでした。

1) 朴さんは アメリカへ 何を しに 行きますか。

　　→

2) 吉田さんは 韓国へ 旅行に 来ましたか。

　　→

3) 李さんは 何を しに 空港まで 来ましたか。

　　→

コーヒーブレーク

世界地図

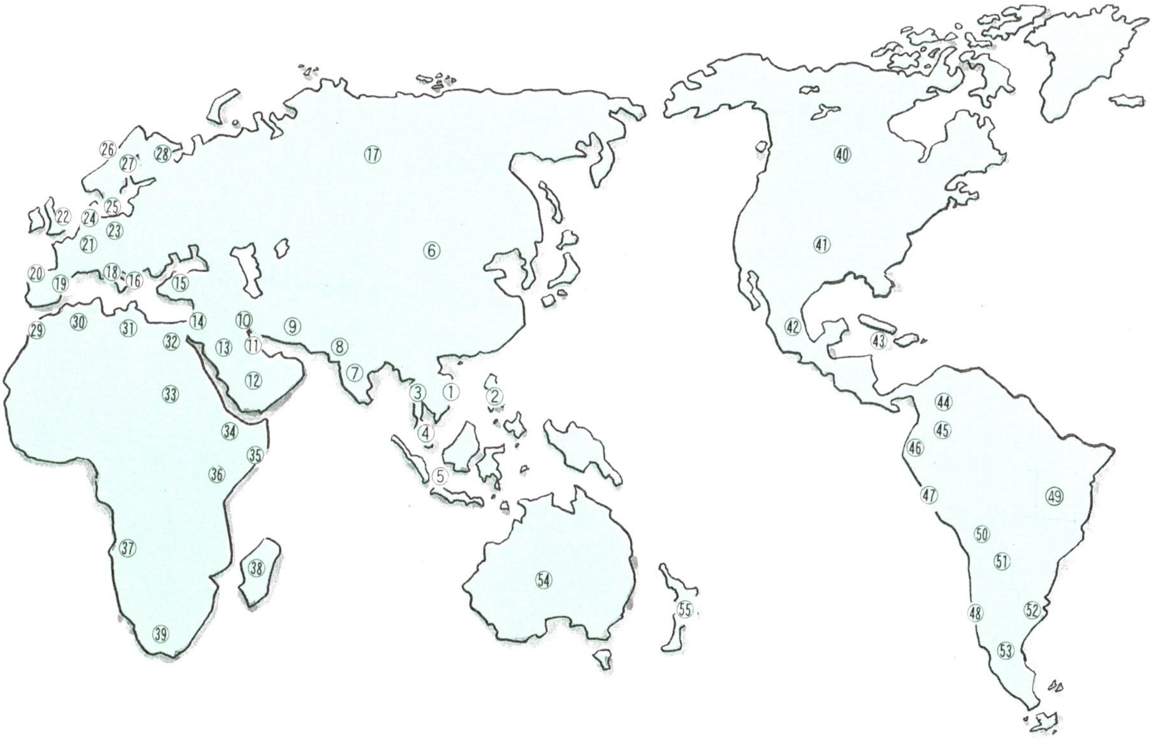

① ベトナム
② フィリピン
③ タイ
④ マレーシア
⑤ インドネシア
⑥ モンゴル
⑦ インド
⑧ パキスタン
⑨ イラン
⑩ イラク
⑪ クウェート
⑫ サウジアラビア
⑬ シリア
⑭ イスラエル
⑮ トルコ
⑯ ギリシア
⑰ ロシア
⑱ イタリア
⑲ スペイン
⑳ ポルトガル
㉑ フランス
㉒ イギリス
㉓ ドイツ
㉔ ベルギー
㉕ オランダ
㉖ ノルウェイ
㉗ スウェーデン
㉘ フィンランド
㉙ モロッコ
㉚ アルジェリア
㉛ リビア
㉜ エジプト
㉝ スーダン
㉞ エチオピア
㉟ ソマリア
㊱ ケニア
㊲ アンゴラ
㊳ マダガスカル
㊴ 南アフリカ共和国
㊵ カナダ
㊶ アメリカ
㊷ メキシコ
㊸ キューバ
㊹ ベネズエラ
㊺ コロンビア
㊻ エクアドル
㊼ ペルー
㊽ チリ
㊾ ブラジル
㊿ ボリビア
(51) パラグアイ
(52) ウルグアイ
(53) アルゼンチン
(54) オーストラリア
(55) ニュージーランド

부 록

⊙ 동사활용표

	基本形	ます形	て形	た形	たら形	たり形	ば形
5단동사	書く	書きます	書いて	書いた	書いたら	書いたり	書けば
	行く	行きます	行って	行った	行ったら	行ったり	行けば
	泳ぐ	泳ぎます	泳いで	泳いだ	泳いだら	泳いだり	泳げば
	話す	話します	話して	話した	話したら	話したり	話せば
	待つ	待ちます	待って	待った	待ったら	待ったり	待てば
	死ぬ	死にます	死んで	死んだ	死んだら	死んだり	死ねば
	遊ぶ	遊びます	遊んで	遊んだ	遊んだら	遊んだり	遊べば
	休む	休みます	休んで	休んだ	休んだら	休んだり	休めば
	買う	買います	買って	買った	買ったら	買ったり	買えば
	帰る	帰ります	帰って	帰った	帰ったら	帰ったり	帰れば
	作る	作ります	作って	作った	作ったら	作ったり	作れば
1단동사	見る	見ます	見て	見た	見たら	見たり	見れば
	起きる	起きます	起きて	起きた	起きたら	起きたり	起きれば
	食べる	食べます	食べて	食べた	食べたら	食べたり	食べれば
	寝る	寝ます	寝て	寝た	寝たら	寝たり	寝れば
불규칙동사	くる	きます	きて	きた	きたら	きたり	くれば
	する	します	して	した	したら	したり	すれば

※ 주의 ① 行く・帰る는 예외적인 5단 동사이다.

이 외에도 走(はし)る・入(はい)る・要(い)る 등이 있다.

② 특수5단동사 : なさる(하다의 존경어)・おっしゃる(말하다의 존경어)・いらっ
しゃる(가다, 오다, 있다의 존경어)・くださる(주다의 존경어) 등을 말하며 ます
形에서 다음과 같이 활용함에 주의해야 한다.

なさる→なさいます, おっしゃる→おっしゃいます

いらっしゃる→いらっしゃいます, くださる→くださいます

ない形	사역형	수동형	가능형	명령형	의지형	중지형
書かない	書かせる	書かれる	書ける	書け	書こう	書き
行かない	行かせる	行かれる	行ける	行け	行こう	行き
泳がない	泳がせる	泳がれる	泳げる	泳げ	泳ごう	泳ぎ
話さない	話させる	話される	話せる	話せ	話そう	話し
待たない	待たせる	待たれる	待てる	待て	待とう	待ち
死なない	死なせる	死なれる	死ねる	死ね	死のう	死に
遊ばない	遊ばせる	遊ばれる	遊べる	遊べ	遊ぼう	遊び
休まない	休ませる	休まれる	休める	休め	休もう	休み
買わない	買わせる	買われる	買える	買え	買おう	買い
帰らない	帰らせる	帰られる	帰れる	帰れ	帰ろう	帰り
作らない	作らせる	作られる	作れる	作れ	作ろう	作り
見ない	見させる	見られる	見られる	見ろ	見よう	見
起きない	起きさせる	起きられる	起きられる	起きろ	起きよう	起き
食べない	食べさせる	食べられる	食べられる	食べろ	食べよう	食べ
寝ない	寝させる	寝られる	寝られる	寝ろ	寝よう	寝
こない	こさせる	こられる	こられる	こい	こよう	き
しない	させる	される	できる	しろ	しよう	し

※ 주의 ① う단으로 끝나는 동사의 ない形은 あない가 아니라 わない가 된다.
   (例 買う→買わない)

② ある(있다)의 ない形은 あらない가 아니라 단지 ない(없다 : 형용사)만을
   써야 한다.

③ 조동사 れる(られる)는 수동, 가능, 존경, 자발의 의미를 지닌다.

④ する의 가능형은 できる이다.

⑤ 조동사 う(よう)는 의지, 청유, 추측의 의미를 지닌다.

◉ 형용사・형용동사 활용표

	基本形	정중형	부정형	과거형	과거부정형
형용사	高い	高いです	高くない	高かった	高くなかった
	大きい	大きいです	大きくない	大きかった	大きくなかった
	よい	よいです (いいです)	よくない	よかった	よくなかった
	楽しい	楽しいです	楽しくない	楽しかった	楽しくなかった
형용동사	有名だ	有名です	有名でない	有名だった	有名でなかった
	きれいだ	きれいです	きれいでない	きれいだった	きれいでなかった
	静かだ	静かです	静かでない	静かだった	静かでなかった
	親切だ	親切です	親切でない	親切だった	親切でなかった
	立派だ	立派です	立派でない	立派だった	立派でなかった
	便利だ	便利です	便利でない	便利だった	便利でなかった
	上手だ	上手です	上手でない	上手だった	上手でなかった
	大切だ	大切です	大切でない	大切だった	大切でなかった
	にぎやかだ	にぎやかです	にぎやかでない	にぎやかだった	にぎやかでなかった

◉ 형용사

	보통체		정중체	
	긍정	부정	긍정	부정
현재	大きい	大きくない	大きいです	大きくないです 大きくありません
과거	大きかった	大きくなかった	大きかったです	大きくなかったです 大きくありませんでした

중지형(て형)	추량형	가정형		부사형	명사형
高くて	高かろう	高ければ	高かったら	高く	高さ
大きくて	大きかろう	大きければ	大きかったら	大きく	大きさ
よくて	よかろう	よければ	よかったら	よく	よさ
楽しくて	楽しかろう	楽しければ	楽しかったら	楽しく	楽しさ
有名で	有名だろう	有名なら	有名だったら	有名に	有名さ
きれいで	きれいだろう	きれいなら	きれいだったら	きれいに	きれいさ
静かで	静かだろう	静かなら	静かだったら	静かに	静かさ
親切で	親切だろう	親切なら	親切だったら	親切に	親切さ
立派で	立派だろう	立派なら	立派だったら	立派に	立派さ
便利で	便利だろう	便利なら	便利だったら	便利に	便利さ
上手で	上手だろう	上手なら	上手だったら	上手に	上手さ
大切で	大切だろう	大切なら	大切だったら	大切に	大切さ
にぎやかで	にぎやかだろう	にぎやかなら	にぎやかだったら	にぎやかに	にぎやかさ

◉ 형용동사

	보통체		정중체	
	긍정	부정	긍정	부정
현재	有名だ	有名で(は)ない	有名です	有名ではありません
과거	有名だった	有名で(は)なかった	有名でした	有名ではありませんでした

⊙ 助数詞 (じょすうし)

	人 (にん)	つ	枚 (まい)	台 (だい)
1	ひとり	ひとつ	いちまい	いちだい
2	ふたり	ふたつ	にまい	にだい
3	さんにん	みっつ	さんまい	さんだい
4	よにん	よっつ	よんまい	よんだい
5	ごにん	いつつ	ごまい	ごだい
6	ろくにん	むっつ	ろくまい	ろくだい
7	しちにん	ななつ	ななまい	ななだい
8	はちにん	やっつ	はちまい	はちだい
9	きゅうにん	ここのつ	きゅうまい	きゅうだい
10	じゅうにん	とお	じゅうまい	じゅうだい
?	なんにん	いくつ	なんまい	なんだい
	사람	달걀·케이크 등	접시·종이·레코드·셔츠 등	자동차·세탁기·컴퓨터 등

	冊 (さつ)	足 (そく)	本 (ほん)	回 (かい)
1	いっさつ	いっそく	いっぽん	いっかい
2	にさつ	にそく	にほん	にかい
3	さんさつ	さんぞく	さんぽん	さんかい
4	よんさつ	よんそく	よんほん	よんかい
5	ごさつ	ごそく	ごほん	ごかい
6	ろくさつ	ろくそく	ろっぽん	ろっかい
7	ななさつ	ななそく	ななほん	ななかい
8	はっさつ	はっそく	はっぽん	はっかい
9	きゅうさつ	きゅうそく	きゅうほん	きゅうかい
10	じゅっさつ / じっさつ	じゅっそく / じっそく	じゅっぽん / じっぽん	じゅっかい / じっかい
?	なんさつ	なんぞく	なんぼん	なんかい
	책·잡지·사전·노트 등	구두·운동화·양말 등	병·꽃·우산·연필 등의 긴 물건	횟수·빈도 등

	匹（ひき）	頭（とう）	杯（はい）	軒（けん）
1	いっぴき	いっとう	いっぱい	いっけん
2	にひき	にとう	にはい	にけん
3	さんびき	さんとう	さんばい	さんげん
4	よんひき	よんとう	よんはい	よんけん
5	ごひき	ごとう	ごはい	ごけん
6	ろっぴき	ろくとう	ろっぱい	ろっけん
7	ななひき	ななとう	ななはい	ななけん
8	はっぴき	はっとう	はっぱい	はっけん
9	きゅうひき	きゅうとう	きゅうはい	きゅうけん
10	じゅっぴき / じっぴき	じゅっとう / じっとう	じゅっぱい / じっぱい	じゅっけん / じっけん
?	なんびき	なんとう	なんばい	なんげん
	고양이·물고기 등의 작은 동물	소·코끼리·말 등의 큰 동물	컵에 든 음료수 등	집 등

	個（こ）	階（かい）	才（さい）	番（ばん）
1	いっこ	いっかい	いっさい	いちばん
2	にこ	にかい	にさい	にばん
3	さんこ	さんがい	さんさい	さんばん
4	よんこ	よんかい	よんさい	よんばん
5	ごこ	ごかい	ごさい	ごばん
6	ろっこ	ろっかい	ろくさい	ろくばん
7	ななこ	ななかい	ななさい	ななばん
8	はっこ	はちかい	はっさい	はちばん
9	きゅうこ	きゅうかい	きゅうさい	きゅうばん
10	じゅっこ / じっこ	じゅっかい / じっかい	じゅっさい / じっさい	じゅうばん
?	なんこ	なんがい	なんさい	なんばん
	감·사탕 등의 작은 물건	건물의 계층	나이	순서

	倍（ばい）	羽（わ）	隻（せき）	円（えん）
1	いちばい	いちわ	いっせき	いちえん
2	にばい	にわ	にせき	にえん
3	さんばい	さんば	さんせき	さんえん
4	よんばい	よんわ	よんせき	よえん
5	ごばい	ごわ	ごせき	ごえん
6	ろくばい	ろっぱ	ろくせき	ろくえん
7	ななばい	しちわ	ななせき	ななえん
8	はちばい	はちわ	はっせき	はちえん
9	きゅうばい	きゅうわ	きゅうせき	きゅうえん
10	じゅうばい	じっぱ	じっせき	じゅうえん
?	なんばい	なんば	なんせき	いくら
	～배	새, 닭 등의 날짐승	배(舟)	엔(일본의 화폐)

	着（ちゃく）	行（ぎょう）	個月（かげつ）	束（たば）
1	いっちゃく	いちぎょう	いっかげつ	ひとたば
2	にちゃく	にぎょう	にかげつ	ふたたば
3	さんちゃく	さんぎょう	さんかげつ	さんたば
4	よんちゃく	よんぎょう	よんかげつ	よんたば
5	ごちゃく	ごぎょう	ごかげつ	ごたば
6	ろっちゃく	ろくぎょう	ろっかげつ	ろくたば
7	ななちゃく	ななぎょう	ななかげつ	ななたば
8	はっちゃく	はちぎょう	はっかげつ	はちたば
9	きゅうちゃく	きゅうぎょう	きゅうかげつ	きゅうたば
10	じゅっちゃく	じゅうぎょう	じゅっかげつ	じゅったば
?	なんちゃく	なんぎょう	なんかげつ	なんたば
	옷	글자의 행, 줄	～개월	묶음

新 동양문고 일본어 Ⅰ

초판 1쇄 1995 년 5월 25일
3판 36쇄 2011 년 2월 20일

저자 일본어교육연구회
발행인 김태웅
발행처 동양북스
편집 김연한
디자인 안성민
마케팅 권혁주, 나재승, 조도현, 정상석,
서재욱, 장영임, 김귀찬, 이용재, 김지원
제작 현대순
등록일자 1993년 4월 3일
등록번호 제 10-806호

주소 서울시 마포구 서교동 463-16호 (121-841)
전화 (02)337-1737
팩스 (02)334-6624
http://www.dongyangbooks.com
히어링테이프 별매
ISBN 89-85705-63-6 03730

강의용 교재 ❶   다이스키 일본어 시리즈

일본어 초급 학습자들의 성공을 위한 첫걸음

일본어가 저절로 좋아지게 만드는 교재

기초 일본어의 활용을
위한 2개월째 과정

기초 일본어의 확실한 체계를
잡기 위한 1개월째 과정

기초 일본어의 마무리를
위한 3개월째 과정

3~4개월 정도의 일본어 입문 과정을 끝낸 학습자들의
복습 및 중급 과정을 준비하기 위한 회화 교재

다이스키 일본어 1

| 문선희 · 나카야마 다츠나리 공저 | 188×258 |
152쪽(리스닝 CD 1장, 펜맨십 포함) | 12,000원 |
89-8300-453-3

일본어 쓰기부터 회화, 문법, い형용사, な형
용사 활용까지 체계적으로 꼼꼼하게 짚고 넘
어가는 초보자에게 절대적인 일본어 입문서.

다이스키 일본어 2

| 문선희 · 나카야마 다츠나리 공저 | 188×258 |
160쪽(리스닝 CD 1장 포함) | 12,000원|
89-8300-464-9

일본어 초급에서 가장 중요한 동사활용을
다년간 가르쳐 왔던 저자의 노하우로 알기
쉽고 명확하게 묘사한 입문서. 동사 활용과
더불어 い형용사, な형용사 뒤에 오는 표현
도 배운다.

다이스키 일본어 3

| 문선희 · 나카야마 다츠나리 공저 | 188×258 |
176쪽(리스닝CD 1장 포함) | 12,000원 |
89-8300-468-1

입문 학습자들이 틀리기 쉬운 동사 가능형,
부정형, 수동형, 사역형, 사역수동형, 가정형
, 조동사, 경어까지 속시원하게 풀어주는 최
적의 마무리 입문서.

다이스키 일본어
브릿지 회화

| 나카야마 다츠나리 · 문선희 공저 | 188×258 |
184쪽(리스닝 CD 1장 포함) | 12,000원 |
89-8300-506-8

다이스키 일본어 1, 2, 3권를 끝냈거나 일본
어를 3개월 정도 공부한 학습자를 대상으로
하는 강의용 초급 회화 교재. 전체 15과 구
성으로, 일본에서 생활하는 데 필요한 현지
표현을 공부할 수 있게 되어 있다.

맞춤형 일본어 교재

강의용 교재 ②

동양문고 일본어 플러스 I / II

| 일본어교육연구회 저 | 188×258 | 152쪽 / 144쪽 | 각 8,500원 | 리스닝 테이프 3개 각 13,000원 별매 | 89-8300-263-8 / II 89-8300-264-6

「新 동양문고 일본어 I / II」의 올컬러 개정판.

新 동양문고 일본어 I / II

| 일본어교육연구회 저 | 188×258 | 168쪽 / 156쪽 | 각 7,000원 | 리스닝 테이프 3개 각 13,000원 별매 | 89-85705-63-6 / II 89-85705-83-0

지루한 해설방식을 탈피한 영상회화식 신감각 일본어 교재로 문법 위주의 학습법을 극복한 구성이 특징.

해설로 된 新 동양문고 일본어 I / II

| 일본어교육연구회 저 | 188×258 | 208쪽 / 200쪽 | 각 8,000원 | 리스닝 테이프 3개 각 13,000원 별매 | 89-85705-88-1 / II 89-85705-62-8

「新 동양문고 일본어 I / II」에 자세한 해설을 곁들여 학습자가 스스로 예습과 복습을 할 수 있도록 도와주는 교재.

특기적성교육 추천 교재
주니어 일본어 붐붐

| 김연수, 이토 쿄코 저 | 188×258 | 160쪽 | 10,000원(브로마이드, 플래시카드, 쓰기 노트, 리스닝 CD 1장 포함) | 89-8300-363-4

일반인은 물론 초등학생이 볼 수 있도록 기획된 일본어 기초학습 교재. 학습자들이 지루하지 않고 재미있게 공부할 수 있도록 구성되어 있다.
인터넷 동영상 저자 직강 실시 중!

일본어 프리토킹 입문

| 이시하라 히로타미 저 | 188×258 | 152쪽 | 11,000원(리스닝 테이프 1개 포함) | 89-8300-394-4

입문 과정을 학습한 사람이 바로 프리토킹을 익힐 수 있도록 한 교재. 일상생활에서 가장 많이 접하게 되는 상황만을 엄선했고, 각 주제별로 자신만의 발표 '모델 만들기'란을 두어 다른 프리토킹 교재와 차별화를 꾀했다.

거침없이 술술!
일본어 독해 초중급

| 메구로 마코토 저 | 188×258 | 200쪽 | 10,000원(MP3 무료 다운로드) | 89-8300-542-7

일본에서의 일상생활을 소재로 한 본문내용 수록으로, 독해학습은 물론 일본의 생활과 문화에 대해서도 이해할 수 있도록 구성된 초·중급 학습자를 위한 독해 교재.

거침없이 술술!
일본어 독해 중고급

| 메구로 마코토 저 | 188×258 | 168쪽 | 10,000원(MP3 무료 다운로드) | 89-8300-545-9

일본의 세시행사와 일본 특유의 예의범절을 소재로 한 본문내용 수록으로, 독해학습은 물론 일본의 문화에 대해서도 이해할 수 있도록 구성된 중급에서 고급 초반 학습자를 위한 독해 교재.

카툰 일본어 펜맨십

| 편집부 저 | GOGUMA 그림 | 188×258(올컬러) | 152쪽 | 6,000원 | 89-8300-442-8

히라가나와 가타카나를 만화로 재미있게 익힐 수 있는 쓰기 교재. 일본어를 전혀 모르더라도 만화를 보면 오십음도가 저절로 외워지게끔 구성되어 있다. (MP3 무료 다운로드 제공)

중급 일본어

| 미우라 아키라 · 하나오카 나오미 저 | 4×6배판 | 384쪽 | 12,000원 | 리스닝 테이프 2개 10,000원 별매 | 89-8300-220-4

중급 수준의 회화, 독해, 문법을 익히기 위한 교재. 중급 일본어 강의 교재로서도 좋습니다.

실제로는 이렇게 말한다!
드라마 일본어

| 박은영 저 | 188×225 | 184쪽 | 12,000원 (리스닝 CD 1장 포함) | 89-8300-487-8

일본의 최근 드라마는 물론, 과거 최고 인기 드라마 등 총 80여 편의 드라마에서 뽑은 실생활 회화 완전 공략서.

확실하게 통하는
뉴 비즈니스 일본어

| 메구로 마코토 저 | 188×258 | 208쪽 | 12,000원(리스닝 CD 1장 포함) |89-8300-321-9

일반 생활 회화와 비즈니스 현장에서 쓰이는 일본어는 어떻게 다른지를 소개하고 일본의 기업 문화와 각종 비즈니스 매너를 소개한 책.

시험에 강해지고 말문이 확 트이는
일본어 표현 문형 사전

| 메구로 마코토 외 5인 저 | 188×225 | 648쪽 | 15,000원 | 89-8300-225-5

이 책 한 권이면 모든 시험 준비는 끝. 회화, 문법 시험의 난점을 완벽하게 짚어낸 표현 문형 사전.

35일 완성
일본어 문법

| 김연수 저 | 신국판 | 160쪽 | 8,500원(리스닝 CD 1장 포함) | 89-8300-390-1

일본어 문법을 35가지 유형으로 분류하여 일본어를 처음 시작하는 사람이 공부할 수 있도록 한 책.

강의식
일본어 문법

| 장태봉 저 | 188×258 | 160쪽 | 8,000원 | 89-8300-298-0

유명강사의 문법강의노트를 전격공개! 문법 학습의 노하우를 알기 쉽게 보여 준다.

한 권으로 끝내는
일본어 VOCA 25000

| 김건영 저 | 188×258 | 496쪽 | 18,000원 | 89-8300-428-2

중급 이상 일본어학습자들의 어휘량 부족을 한 권에 해결할 수 있도록 분야별 용어를 총망라해 놓은 어휘집. 어휘마다 적절한 예문이 포함되어 있다.

일본어 한자 터잡기
입문편

| 이수길 저 | 188×225 | 224쪽 | 12,000원 (쓰기 노트 포함) | 89-8300-447-9

일본 초등학교 1~3학년이 배우는 교육한자440자를 모두 수록한 일본어 한자 학습서.

일본어 한자 터잡기
초중급편

| 이수길 저 | 188×225 | 256쪽 | 12,000원 (쓰기 노트 포함) | 89-8300-474-6

일본 초등학교 4~6학년이 배우는 교육한자566자를 모두 수록한 일본어 한자 학습서.

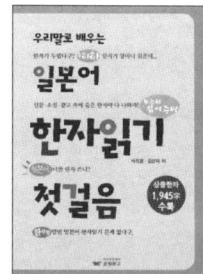

우리말로 배우는
일본어 한자읽기 첫걸음

| 박욱영, 김문자 저 | 4×6배판 | 232쪽 | 8,500원 | 89-8300-275-1

한국어와 일본어의 발음상의 공통점에 착안하여 학습자가 일본의 한자 · 어휘에 더욱 쉽게 접근하여 효율적으로 암기할 수 있도록 돕는 교재.

동양문고
일본어 문법

| 최원호 저 | 153×224 | 288쪽 | 7,000원 | 강의 테이프 6개 25,000원 별매 | 89-85705-25-3

기본이 잡혀야 실력이 는다. 정통 일본어 문법을 저자 특유의 교수법으로 정리한 책.

이거 하나면 땡! 일본어능력시험
1급 / 2급 / 3급 / 4급

| 이장우 외 저 | 188×258 | 1, 2급 15,800원(테이프 2개 포함) / 3, 4급 14,000원 (테이프 2개 포함) | 1급 89-8300-250-6 / 2급 89-8300-251-4 / 3급 89-8300-166-6 / 4급 89-8300-167-4

필수 어휘, 한자를 수록. 예상문제, 최종모의테스트로 완벽 대비! 혼자서도 충분히 시험에 대비할 수 있도록 만든 독학용 수험서.

기출문제 엄선
일본어능력시험의 모든것
1급 / 2급 / 3급 / 4급

| 기타지마, 김성곤, 정소영, 김숙영 저 | 188×258판 | 각 권 18,000원 (CD 2장 포함) | 1급 978-89-8300-549-6 / 2급 89-8300-512-2 / 3급 89-8300-500-9 / 4급 89-8300-531-9

한 권으로 일본어능력시험의 모든 것을 공부할 수 있도록 출제기준에 들어 있는 모든 문법사항과 문제유형을 실은 시험 대비 종합서. 지난 10년 간의 기출문제와 모의고사도 실려 있다.

마침표를 찍자! 일본어능력시험
1급 / 2급 / 3급 / 4급

| 메구로 마코토 저 | 188×258 | 1급 13,500원 / 2급 12,000원 / 3급 10,000원 / 4급 9,000원(테이프 포함) | 1급 89-8300-347-2 / 2급 89-8300-320-0 / 3급 89-8300-293-X / 4급 89-8300-294-8

일본어능력시험의 새 출제기준을 완벽하게 반영한 최종점검 수험서. 문자 · 어휘, 청해, 독해 · 문법 등 전 Part를 철저하게 분석한 역작. 마무리 테스트로 실력확인까지 OK

출제의 총정리
일본어능력시험 단어왕
1급 / 2급 / 3 · 4급

| 일본국제교육지원협회 · 국제교류기금 · 정소영 저 | 140×200 | 9,600원(CD 2장 포함) | 1급 89-8300-412-6 / 2급 89-8300-413-4 / 3 · 4급 89-8300-392-8

일본어능력시험 출제기준에 따른 모든 단어를 품사별 사전식으로 배치한 단어 학습서. 단어마다 실제 시험에 출제되었던 예문이 달려 있고 음성 CD도 제공되므로, 학습자가 시험의 출제 경향과 수준을 파악할 수 있다.

2005년도 일본어능력시험 기출문제집
1급 / 2급 / 3급 / 4급

| 일본국제교육지원협회 · 국제교류기금 저 | 188×258 | 1급 / 2급 7,000원 3급 / 4급 6,000원(각 급수별 청해문제 CD 포함) | 1급 89-8300-508-4 / 2급 89-8300-509-2 / 3급 89-8300-498-3 / 4급 89-8300-499-1

2005년도 12월에 실시된 일본어능력시험 문제와 해석, 해설, 단어 정리 등을 담은 기출문제 시리즈.

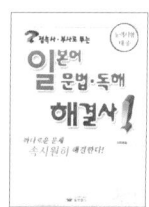

접속사, 부사로 푸는
일본어 문법 · 독해 해결사

| 메구로 마코토 | 4×6배판 | 336쪽 | 12,000원 | 89-8300-277-8

접속사 · 부사를 기능별로 분류 · 수록하여 뉘앙스의 차이를 깨닫고 가장 정확한 문장을 구성하는 능력을 배양하도록 한 일본어능력시험 대비 교재.

윤일 선생의 **다코야끼 JPT** 독해 파트

| 윤일 저 | 188×258 | 472쪽 | 15,000원 | 978-89-8300-536-6

JPT를 철저하게 분석해 혼자서도 공부할 수 있도록 구성한 책. 짧은 시간에 많은 문제를 풀어야 하는 JPT의 속도전에 대비할 수 있도록, 출제문제의 유형을 철저하게 분석하여 핵심을 집었다.

시험에 꼭 나오는 **JPT 단어왕**

| JE&T연구회 저 | 140×200 | 352쪽 | 9,600원 (리스닝 CD 1장 포함) | 89-8300-380-4

JPT의 8개 유형을 출제빈도순으로 배열한 JPT완벽대비 어휘집. 이 책 한 권이면 JPT에서 출제되는 모든 어휘를 익힐 수 있다.